民族之魂

国富民安

陈志宏◎编著

延边大学出版社

图书在版编目（CIP）数据

国富民安 / 陈志宏编著 . -- 延吉：延边大学出版
社，2018.4（2023.3 重印）
　（民族之魂 / 姜永凯主编）
ISBN 978-7-5688-4513-7

Ⅰ.①国… Ⅱ.①陈… Ⅲ.①品德教育—中国—青少
年读物 Ⅳ.① D432.62

中国版本图书馆 CIP 数据核字（2018）第 069091 号

国富民安

编　　　著：陈志宏
丛 书 主 编：姜永凯
责 任 编 辑：王　静
封 面 设 计：映像视觉
出 版 发 行：延边大学出版社
社　　　址：吉林省延吉市公园路 977 号　　邮编：133002
网　　　址：http://www.ydcbs.com　　E-mail：ydcbs@ydcbs.com
电　　　话：0433-2732435　　　　　　传真：0433-2732434·
发行部电话：0433-2732442　　　　　　传真：0433-2733056
印　　　刷：三河市同力彩印有限公司
开　　　本：640×920 毫米　　　　1/16
印　　　张：8　　　　　　　　　　字数：90 千字
版　　　次：2018 年 4 月第 1 版
印　　　次：2023 年 3 月第 3 次印刷
ISBN 978-7-5688-4513-7

定价：38.00 元

人有灵魂，国有国魂；一个民族，也有民族魂。

鲁迅先生曾经说过："唯有民魂是值得宝贵的，唯有他发扬起来，中国才有真进步。"

鲁迅先生以笔代戈，战斗一生，曾被誉为"民族魂"。

民族魂，顾名思义，就是一个民族的灵魂！民族魂，是一个民族的精髓，体现了一种民族的精神，是一个民族生存和存在的精神支柱。

什么是中华民族的民族魂？那就是中华民族精神！它是中华民族凝聚力的理念核心，是中华文明传承的基因。它包含热烈而坚定的爱国情感，对生活的美好愿望和追求，为目标努力奋斗的拼搏毅力，为正义事业不惜牺牲自己的精神，以及正确的人生观和价值观。

前 言

翻开浩瀚的中国历史长卷，我们可以看到数不胜数的，体现民族精神和民族魂的英雄人物和可歌可泣的感人故事。

民族魂，不仅体现在爱国主义精神和行动中，而且体现在各个领域自强不息的民族奋斗中。而中华民族精神的力量，更是深深植根于延绵几千年的传统文化之中，始终是维系中华各族人民共同生活的纽带，是支撑中华民族生存和发展的精神支柱，是不断推动中华民族前进的强大动力。

民族魂体现在"重大义，轻生死"的生死观中；民族魂体现在"国家兴亡，匹夫有责"的使命感中；民族魂体现在"我以我血荐轩辕"的大无畏精神中；民族魂

体现在将国家利益置于最高的爱国情怀中！

纵观中华五千年文明史，曾经有多少杰出的政治家、军事家、思想家、文学家、科学家、艺术家；曾经有多少忧国忧民、鞠躬尽瘁的仁人志士；曾经有多少抗击外敌、英勇献身的民族英雄。他们或顺应历史潮流，积极改革弊政，励精图治，治国安邦，施利于民；或为人类进步而不断进行着农业、工业、科技、社会等各种创新；或开发和改造河山，不断创造着灿烂的中华文明；或英勇反击外来侵略，捍卫着国家主权和民族尊严；或坚决反对民族分裂，维护国家的统一……他们从不同的侧面，体现了中华民族的民族魂，谱写了几千年中华文明的壮丽诗篇，铸造了中华民族高尚而坚不可摧的"民族之魂"。

民族魂，就是爱国魂。从屈原在汨罗江边高唱的《离骚》，到文天祥大义凛然赴死前的"人生自古谁无死，留取丹心照汗青"的诗句；从岳飞的岳家军抗击入侵金兵，到郑成功收复台湾；从血雨腥风的鸦片战争，到硝烟弥漫的十四年抗战，再到抗美援朝的隆隆炮声……哪个为国捐躯的英雄不是可歌可泣的？

民族魂，就是奋斗魂。从勾践卧薪尝胆，到司马迁秉笔直书巨著《史记》；从鉴真东渡传播佛法终在第六次成功，到詹天佑自力更生建铁路；从袁隆平百次实验成为"水稻之父"，到屠呦呦的青蒿素获得诺贝尔奖……哪个不是历经艰难，最终取得成功？

民族魂，就是改革献身魂。从管仲改革到商鞅变法；从王安石变法到百日维新……哪次变法图强不是要冲破旧势力的阻挠，或流血牺牲？

民族魂，就是创新魂。古有毕昇发明活字印刷，今有王选计算机照排；古有指南针、造纸术、火药、浑天仪、地动仪的发明，今有神舟号的相继飞天……哪个不是中华民族的智慧结晶？

自古以来，多少仁人志士为了维护人格的尊严和民族气节，以生命为代价！留下了"玉可碎不可污其白，竹可断不可毁其节"的称颂；有多少英雄豪杰，为理想和事业奋斗，面对死亡的威胁，大义凛然；有多少爱国壮士面对侵犯祖国的列强，挺身而出而献出生命。

伟大的中华民族孕育了五千年的辉煌，五千年的历史留下了璀璨的中华文明。

前言

中国人的血脉流淌着顽强不屈的精神！我们的先辈用血汗和生命铸就了不朽的中华民族魂！换得如今中华大地的一片祥和安宁，换得我们现在的幸福生活。如今，我们要实现习近平主席提出的中国梦，依然需要我们秉承祖辈留下的这种"民族魂"。

青少年是国家的希望，亦是民族的未来。因此，爱国主义教育和励志图强教育要从青少年开始。为了增强对青少年的民族精魂和志向教育，我们精心编写了本套丛书——《民族之魂》丛书。

本套丛书将我国有史以来体现民族精神和民族魂的典型事迹，以通俗易懂的语言故事形式展现出来，适合青少年的阅读水平和欣赏角度。书中提供的人物和事件等故事，涉及社会的各个方面，有利于青少年学习和理

解，使读者能全方位地领悟中华民族精神。

为了帮助读者更好地理解和吸收故事的精神，编者在每篇故事后还给出了"心灵感悟"，旨在使故事更能贴近现实社会，让读者结合自身的需要学习领会，引发读者更深入的思考。

希望读者们可以从本套图书中获得教益，通过阅读，真正体会到中华民族之魂所在，同时能汲取其精华，不断提升自己各方面的素质和品格，为祖国新时代的建设和发展做出努力。

全套丛书分类编排，内容详尽，风格独具，是广大读者尤其是青少年爱国励志教育的优秀阅读材料。相信本套丛书一定可以成为青少年朋友的良师益友。

民族之魂

导言

　　生活富裕是人的合理追求。不同的民族有不同的富裕观，就如何取得财富来说，中国人讲的是"君子爱财，取之有道""勤劳致富"，反对巧取豪夺、取不义之财或非分之财。中国传统思想认为："仓廪实则知礼节，衣食足则知荣辱。"要把人民的富足和国家的安定联系起来。孟子有道："无恒产而有恒心者，惟士为能。若民，则无恒产，因无恒心。苟无恒心，放辟邪侈，无不为已……是故明君制民之产，必使仰足以事父母，俯足以畜妻子，乐岁终身饱，凶年免于死亡，然后驱而之善，故民之从之也轻。"这里明确地指出了民富与国强的关系。但这些都是站在统治者的立场看待问题，在封建社会里，统治者的穷奢极侈是不可能让老百姓真正富裕起来的，最多也只能让老百姓过上半饥半饱的生活，更多的是赋役频征，官府聚敛无度，百姓转死沟壑，最后不堪忍受便揭竿造反……中国几千年的封建社会就是这样循回反复。

　　近代以来，由于统治政府的腐败无能，中国在帝国主义列强的侵略掠夺下，积贫积弱，最终导致日本侵略者长驱直入，深入中国腹地，烧杀抢掠。中国几乎到了亡国灭种的境地，更谈不上民富国强了。

新中国成立后，特别是改革开放以来，党的富民政策激发了中国人民无限的创造力。曾经的20世纪70年代，在欧美国家里有专用中文标明的旧货市场的摊位，因为那时的中国人还很贫穷，出国的中国人只能到那里去淘旧货；而20世纪末到21世纪初，欧洲人已用中文当作高档商品市场的指路牌了，此时中国人的购买能力已极大地提高。短短的几十年，富裕的中国人已经被世界所认同。

目前，我们虽然摆脱了贫穷，但我们离真正的民富国强还有很长的路要走，小康社会只是中国人民理想的一个过渡阶段。我们要明白的是，民富不能离开国强。国家不强盛，民富不会持久；人民不富，国家也不会真正强盛。我们说的民富指的是大多数的人民富裕起来，少数人的富裕算不得民富。人民富足了，支撑国家强盛；国家强盛了，保证人民更加富足，这是不可分割的辩证关系。

本书中，我们精心选编了一些体现"民富国强"意义的经典故事，希望读者通过阅读此书，更深刻地理解它的内涵意义，从中有所领悟并受到启迪。在自己的日常生活和学习工作中，能够以他们为楷模，刻苦学习，完善自我，心系国家，敬业做事，为祖国的"国富民强"做出自己的贡献。

目录
CONTENTS

第一篇　敬业有成不骄奢

2　徽商巨富江春

6　"忠于事敏于行"

11　丁志忠和他的安踏

15　热心助学的金融企业家

第二篇　事业成功报效国家

22　卜式富而报国得皇恩

28　张氏兄弟出资建铁路

34　爱国实业家陈万运

40　"实业救国"先驱徐润

44　敢与洋货抗争的刘笃敬

第三篇　富贾不少爱国心

50　"红顶商人"胡雪岩办洋务

54　爱国的"银行巨子"张嘉璈

58　"民国教父"宋耀如

61　抗日救国侨商梁金山

65　慈善爱国实业家刘子如

第四篇　热心公益回馈社会

70　"五金大王"叶澄衷

74 抗倭徽商阮弼

78 "万金油大王"胡文虎热心慈善

83 橡胶大王李光前心系教育

89 仁义徽商鲍志道

94 巨富汪应庚义举慈善

第五篇 永远的中国心

98 巨富郑镜鸿回报乡里

104 "亚洲的洛克菲勒"林绍良

112 吴锦堂身在外心在祖国

第一篇

敬业有成不骄奢

徽商巨富江春

江春（1721—1789），字颖长，号鹤亭，又号广达。安徽省古徽州府歙县江村外村人。他是清代著名的客居江苏扬州的徽商巨富，为清乾隆时期"两淮八大总商"之首。

扬州地处我国南北交通枢纽，为四方财源、货物集散地。扬州的繁荣主要是盐业的繁荣。在经营盐业的商户中，以徽州商人最多，其次是江西、湖南、广东等地的商人。徽州盐商中有一位声名显赫、叱咤风云的人物，他就是深得乾隆赏识的大盐商——江春。

江春，清代著名的客居江苏扬州业盐的徽商巨富，为清乾隆时期"两淮八大总商"之首。据《扬州画舫录》所记，江春任总商40年，先后蒙乾隆赏赐"内务府奉宸苑御""布政使"等头衔，荐至一品，并赏戴孔雀翎，为当时盐商仅有的一枝，时谓江春"以布衣上交天子"，"同业中无不以为至荣焉"。

江春早年读书应试未被录用，于是弃学经商。他广交官府王侯，熟悉盐法，精通商务运筹，练达多能。在担任"两淮盐业总商"的40年间，充分发挥了自己的谋略与才华，举重若轻，勤勉

诚恳，有难独当，有危勇赴。乾隆皇帝六次下江南，筹划接待之事江春出力甚多，并个人捐银30万两，获得了乾隆的好感。特赐金玉器玩，为他手书"怡性堂"匾额，邀请他参加千叟会，一时颇为荣耀。

江春还是一位有文化素养的盐商。他对于文学艺术有较高的鉴赏力。他常在经商之余从事诗文创作，著有《随月读书楼诗集》三卷、《黄海游录》一卷，另有《水南花墅吟稿》等著作。他以文会友，提倡戏曲，招引戏曲人才，组建戏曲家班，与艺人为友。江春家有德音、春台两个戏班，经常在招待四面八方官僚文人和社会名流的酒宴上演出，江春对于发展我国地方戏曲、推进戏曲事业繁荣可谓功不可没。凡士大夫路过扬州，多住宿于江春的康山草堂，他家中常常奇士云集，盛极一时。

据嘉庆《两淮盐法志》说，江春"工制艺，精于诗，与齐次风、马秋玉齐名。先是沧济有南马北查之誉，迨秋玉下世，方伯（江春）遂为秋玉后一人"，"四方词人墨客必招致其家"。他家的大厅可容百人，所谓"奇才之寸"，"座中常满，亦一时之盛"。江春的身边也聚集了钱陈群、曹仁虎、蒋士铨、金农、方贞观、陈章、吴献可、郭尚文、金兆燕、王步青等一批文人，其中吴献可、蒋士铨、金兆燕就馆于康山草堂秋声馆。吴梅村之孙吴献可"通经史，究名法之学"，在江春家居住达20年之久。王步青，进士出身，官位翰林，在扬州主持安定书院，江春一直将他以师之名尊奉。

江春在两淮盐业史上以及扬州地方史上，都是一个值得人们提起的重要人物。

□ 故事感悟

江春是一个叱咤风云的人物。在财富上他富可敌国，在品质上他勤勉诚恳，有难独当，有危勇赴；"工制艺，精于诗"，足见其文化素养之高。可以说他是一位有商德的大贾。而乾隆朝也是清朝最强盛的时期，可谓疆域辽阔、民族和睦、国泰民安。民富则国强，国强又可保证民富，这是千古不变的道理。

■史海撷英

一夜堆盐造白塔

相传，乾隆皇帝游览扬州时问道："瘦西湖有没有白塔？"豪吏巨商无言以对。只有江春紧接着说有，乾隆当即降旨，明日至瘦西湖观塔。

其实湖畔本没有塔，这欺君之罪江春如何承担得了。事后，江春心急如焚，忽然他灵机一动，连夜派人搬运食盐，用盐堆起了一座白塔。

翌日，蒙蒙大雾弥锁湖光山色，艘艘画舫荡开碧波轻烟，乾隆在画舫上透过朦胧的雾气，隐约间看见了巍峨矗立的白塔，龙颜大悦。乾隆离开扬州后，江春在盐塔的基地上赶建了一座白塔。至此，"江春一夜堆盐造白塔"的故事流传了下来，并一直为人津津乐道。

■文苑拾萃

扬州瘦西湖

"天下西湖，三十有六"，唯扬州的瘦西湖，以其清秀婉丽的风姿独异诸湖。瘦西湖景区包括五亭桥、西园、四桥烟雨、长堤春柳、湖上草堂、吹台、白塔晴云等。由历代挖湖后的泥堆积成岭，登高极目，全湖景色尽收眼底，有"园林之盛，甲于天下"之誉。文人雅士看中此地，至清代成为瘦西湖最引人处，有"湖上蓬莱"之称。近人巧取瘦西湖之"瘦"，小金山之"小"，点明扬州园林之妙在于巧"借"：借得西湖一角，堪夸其瘦；

移来金山半点，何惜乎小。岭上为风亭，连同岭下的琴室、月观，近处的吹台，远景近收，近景烘托，把整个瘦西湖景区装扮得比"借"用的原景多了许多妩媚之气。

隋唐时期，瘦西湖沿岸陆续建园。及至清代，由于康熙、乾隆两代帝王六度"南巡"，形成了"两堤花柳全依水，一路楼台直到山"的盛况。

●"忠于事敏于行"

王永庆（1917—2008），中国台湾台北人，祖籍福建安溪。生于台湾日治时期台北近郊的直潭（今属台北县新店市），逝世于美国新泽西州。他是台湾著名的企业家、台塑集团创办人，被誉为中国台湾的"经营之神"。在台湾的富豪中他雄踞首席，在世界化学工业界他居"50强"之列，是中国台湾唯一进入"世界企业500强"的企业王。

王永庆是台湾著名的企业家，台塑集团创办人。他15岁小学毕业后，先后在茶园当过杂工，在米店当过学徒；16岁时用父亲所借的200元自己开办了一家米店，之后又经营过碾米厂、砖瓦厂、木材行，生产PVC塑料粉等。1954年，他又筹资创办了台塑公司。

20世纪50年代初，台湾"工业局"推出一系列工业发展计划，其中包括利用美国援助兴建石化工业基本原料聚氯乙烯。时年38岁的王永庆大胆接手了当时这一无人看好的项目，成立了台湾塑料工业股份有

限公司。之后，在塑料领域大获成功的王永庆先后成立了南亚塑料工厂、台湾化学纤维工业公司等一大批企业。

王永庆在塑料业的地位无可动摇，在促进两岸关系上的作用可圈可点，在台湾岛内政治上的角色也举足轻重。

王永庆投资社会公益事业，也给人们留下深刻的印象。在社会上，企业家的贡献常常会以他在行业中的地位或者所领导企业的规模和财富总量来衡量，因此，财富排行榜从来就是吸引人眼球的金榜。此外，衡量企业家的贡献，还要看他向社会公益事业投入了多少。据《福布斯》杂志统计，世界首富比尔·盖茨的捐款金额相当于个人资产的37％，大投资者索罗斯的捐款比例高达其资产的43％。

清华大学台湾研究所从事博士后教育的一位教授曾经跟随、采访、研究王永庆长达五六年，并出版了王永庆传记《筚路蓝缕》，对王永庆毕生做了详细的解读。

在事业方面，王永庆身上很明显地表现出了中西合璧、事业个人融为一体的个性和气质。王永庆的经验管理理念有三个方面的来源：第一，中华民族传统文化。王永庆始终奉行"忠于事、孝于亲、敏于行、行于范"的原则。第二，源自于西方的理论，不管是生产还是管理，只要是适用的，王永庆都会毫不犹豫地拿来用。第三，他将个人的智慧融入企业。王永庆最喜欢说的话就是："做人做事要合理化。"

王永庆是最早从事石化生产的企业家之一。经过多年的努力，他不仅对自己的企业，而且对整个石化生产行业都做了垂直的整合。他用五十多年的时间，由单个企业影响了整个行业的规范，甚至还影响到当局对本行业的态度和政策。可以说，台塑创造了一整套行业的制度。

王永庆的一生不管是言论、行动，还是在他的著作中，都旗帜鲜明地表达了对祖国、对民族的热爱和奉献精神。他走出了中华民族自己的工业化道路，不仅是对石化制造行业功莫大焉，对于其他行业来说，也做了表率。

在个人生活方面，王永庆生活非常节俭，一条浴巾能用27年，饮食起居有规律，自律性很强，从不浪费金钱。比如，他曾经打过一段时间的高尔夫球，后来考虑到这项运动费时费钱，便改为长跑和游泳。

尽管王永庆拥有世人难以企及的财富和事业，但是他从来不盛气凌人，对任何接触到的人都很和气，甚至常常向晚辈新人学习。对于公益慈善事业他也很热心，汶川地震时，他的公司捐助了1亿元人民币；另外，他还筹建了1万所希望小学。

王永庆中年以后坚持每天跑步一个小时，风雨无阻，数十年如一日。王永庆说："跑步很辛苦，也很枯燥，但是为了身体健康，就必须持之以恒地跑下去。久而久之，像是日常工作之一，就不觉得辛苦了。"

对于王永庆来说，赚了多少钱不是他最引以为豪的事情，而是他的钱改变了多少人的命运。

■故事感悟

王永庆虽家财万贯，却不骄奢挥霍，而是力行慈善事业，仅是支援四川灾区，其捐款就创下台湾之最。这份"同胞爱、手足情"的浓厚情

谊，让人感动不已。同时，生活中的王永庆也严格要求自己和家人，奉行"勤劳朴实"，事事讲究"合理化"。他是中国传统文化的追随者、践行者。

■史海撷英

"龙兄虎弟"

王永在比哥哥王永庆小五岁，原任台塑集团副董事长，是陪伴王永庆时间最长的事业搭档。媒体在评价两个人几十年的合作经历时，经常使用的词语是"珠联璧合"与"相得益彰"。一家杂志的文章说，王永庆、王永在兄弟一静一动，从年轻时代开始，王永庆负责规划事业发展方向，弟弟王永在负责落实和执行。

在台塑老员工眼中，哥哥王永庆扮演着"抬头看"的角色，思索规划着台塑集团下一步发展方向；而弟弟王永在就是"低头做"，一步步推动着台塑走向更高的阶段。王永庆建立制度，王永在落实细节。而两人的默契及信任更是难能可贵，王永庆做了决策，王永在百分之百执行。而王永在在执行过程中拥有绝对的自主权，哥哥王永庆充分授权。曾经有人问王永在两个人有没有吵过架，他委婉地说："他讲他的，我转头走掉就是了。"

■文苑拾萃

长庚大学

长庚大学位于台湾桃园县龟山乡，创立于 1987 年 4 月，原名为长庚医学院，创办人为台塑集团董事长王永庆先生。创设初以医学院为主，其后增加工程学院和管理学院，并于1993年更改校名为"长庚医学暨工程学院"。其后该校陆续增设相关系所，于1997年8月起正式改制为"长庚大学"。

2008年，上海交通大学公布世界大学排名，长庚大学首次进榜到426名，也是中国台湾唯一一所私立大学进榜。

丁志忠和他的安踏

丁志忠出生于福建省一个普通的海滨小镇陈埭。1986年，16岁的他只身闯北京；1991年他回到家乡，与父兄共同创立了"安踏"品牌。如今，安踏在整个体育用品的份额，已经连续几年市场占有率第一，其中运动服亦占同类产品第一。

作为国内第一个用体育明星做广告的运动鞋企业，安踏总裁丁志忠被称为"第一个吃螃蟹"的人。随后几年，中国运动鞋业成了体育明星与娱乐明星争奇斗艳的舞台。"明星战""广告战"使得中国运动鞋市场硝烟弥漫，在这场商战及随后的品牌战中，安踏始终保持着领先地位。

在晋江所有"当家"的产业集群中，鞋业是最突出的一个。敢喊出"晋江鞋世界，世界晋江鞋"口号的，恐怕也只有晋江人。目前，晋江全市拥有鞋类企业3000多家，鞋类出口企业445家，从业人员超过35万人，年产各类鞋达9亿多双，年产值200多亿元。其中，旅游、运动鞋总产量占全国的40%、世界的20%，产品60%打入国际市场，远销世界80多个国家和地区。

而安踏品牌的创办人丁志忠，无疑是晋江鞋业界最著名的人物，人称鞋界"少帅"。

丁志忠说："安踏不会做中国的耐克，而是要做中国的安踏、世界的安踏。"

在安踏工厂里，每一个路灯上都高高地悬挂着条幅："中国第一，世界前十。"这些条幅展示着丁志忠这位鞋业"少帅"的雄心。

人们常说"穷则思变"，面对家庭的困境，当年十几岁的丁志忠毅然决然地从晋江来到北京。仅两年的时间，他就打通了北京最权威也是最艰难的销售通道——北京王府井商场。后来，一场国内鞋业的广告大战和体育明星大战孕育而生。从2000年到2004年，连续四年，安踏运动鞋市场综合占有率居全国第一。虽说如此，但是丁志忠至今还是否认安踏的成功是因为广告。因为他认为，广告策略只是企业市场战略的一部分，做广告能让品牌的知名度获得提升，请形象代言人能让品牌的个性更鲜明，信赖度更高，但这些还不是品牌的全部。品牌要真正在消费者中深入人心，需要独特的品牌内涵和稳定强大的市场网络作支撑。而这些都是日积月累的过程，一个成功的品牌要经过多年的市场考验。

丁志忠说，51%与49%是父亲教给自己的"黄金分割"比例。做每件事情，都要让别人占51%的好处，自己只要留49%就可以。长此以往，可以赢得他人的认同、尊重和信任。姑且称之为丁志忠的两个百分点论。表面上看来，51%与49%的差距只有两个百分点，但关键的时候，这两个百分点却有着天壤之别的结局。这两个百分点像一朵微不足道的浪花，可是日积月累，就汇成了涓涓细流，浇灌给细流两岸的花草，世界就多了一片芬芳葱茏。给他人两个百分点的好处，看上去是减少了自己的所得，但从长远的眼光看，这是一道加法，少了个人所得，但赢得了周围的认同、尊重和信任。而他人对我们的认同、

尊重和信任无形中给我们增添了人格魅力。减掉两个百分点，但增加了让人生向积极光明的方向不断迈进、攀登的筹码。

他常常思量着父亲告诉自己的话，虽然别人占的好处比自己多，短期看来是暂时吃亏了，但从长远看，这样能赢得客户的长期合作，让客户更加认同、更加尊重、更加信任。这个原则在今天的安踏里仍然遵守着。

"在经济全球化面前，企业永远只有创业，没有守业。如果不能主动走出去开辟'第二战场'，迅速提高自身国际竞争力，就会连中国市场都保不住。"

丁志忠坦言，自创业开始，他始终沿着这条路坚持不懈地走着，"有了明确的目标还不够，当遇到挫折和困难，还要勇于去坚持这个目标"。诚实守信、为顾客着想的经营准则，激励着丁志忠勇攀高峰，去开创安踏新的未来。

□故事感悟

"安心创业，踏实做人"，是安踏的追求，更是企业文化。正是这种动力让丁志忠"永不止步"，为开创中国自己的体育品牌孜孜不倦，力争上游。丁志忠也是一位有商德的商人，时刻铭记父亲教导的做人做事原则，并把这种观念引入到企业中来，为整个企业、整个行业，甚至是社会经济的发展都做出了突出的贡献。

□史海撷英

绞碎百万

海尔集团首席执行官张瑞敏曾经用一把大铁锤，把有质量缺陷的海尔冰箱全部砸烂了。而丁志忠也曾经做过了一件类似的事情，他把价值100

万的鞋子放到绞碎机里，绞了个粉碎。

1998年10月，安踏在北京的公司接到一个消费者的投诉电话，说他一双安踏鞋才穿了三天，鞋头就有个地方断裂了。丁志忠马上指示立即赔偿并查明原因。检测结果发现，这一批鞋使用的鞋底确实存在质量问题。

丁志忠想了一个晚上，做出了一个痛苦的决定，把1万双已经发往全国八个大区的鞋全部召回。然后他把公司全体员工都集中到办公楼前，把那1万双鞋集中堆放在地上。他对大家说："这批鞋价值100万，但出了质量问题就要承担责任，不管付出多大的代价。"丁志忠带头拿起一双鞋，放进了绞碎机。有的员工当场就落泪了，因为很多人以为只要返工就可以了。但丁志忠认为，人心中的责任墙一旦破了洞，就不是那么容易修复的了。"如果损失100万能换来大家双倍的责任心，值得！"丁志忠说。

热心助学的金融企业家

秦润卿（1877—1966）名祖泽，字润卿，晚年又号抹云老人，浙江省宁波市慈溪县城（今宁波市江北区慈城镇）人。

1891年，秦润卿到上海协源钱庄当学徒，1917年被提升为经理。1917年任上海钱业公会副会长，1920年任会长，并任上海总商会副会长、上海华人纳税会董事、宁波旅沪同乡会副会长、中央银行监事、交通银行上海分行经理等职。1929年与王伯元、李馥荪等接办天津中国垦业银行，将该行迁至上海，秦任董事长兼总经理。1935年冬辞去钱业公会会长职务。1947年任全国钱业同业公会理事长。中华人民共和国成立后，任上海市政协委员及公私合营银行副董事长。1966年7月5日病逝。

秦润卿是我国近代著名的金融企业家。他自15岁进上海协源钱庄当学徒起，在上海银钱界工作达六十余年之久，曾任豫源钱庄经理、福源钱庄总经理、中国垦业银行董事长兼总经理、上海钱业公会会长、中央银行监事、上海交通银行经理、四明银行常务董事等职。对上海金融业的发展，秦润卿可谓倾注了自己一生的心血。

1917年，上海钱业成立同业公会，秦润卿开始担任副会长。1920年原会长朱五楼去世后，他被推选为会长，一直到1935年主动辞职，前后任职18年。在任期间，他积极提倡改革，努力扩展钱业业务，尽责尽职，办了不少实事，留下了良好的声誉。

秦润卿推动制定钱业公会章程，修订钱业行规，并汇编成集，使公会有章可循、有规可依。他创办《钱业月报》，亲自在创刊号上撰写《发刊缘起》，积极向钱业同仁灌输新观念、新知识。此刊不囿于旧习，博采众议，刊登《同业录》，率先公布各庄股东、经理姓名、资本总额，被誉为上海钱庄业的喉舌。他力主成立"上海钱业业务研究会"，探索改革钱业的具体办法，增强钱庄与新式银行相竞争的能力，改善钱庄的社会形象。他还主持讨论有关钱业的重大问题。

1934年，国民党政府实行"废两改元"，随后又实行"法币制"。鉴于此事对钱业关系重大，秦润卿连续三次主持召开会议进行讨论，并发表《钱业公会为废两改元问题敬告国人书》，坦陈钱业界的意见，向社会公开表明自己的态度。他引导公会坚持爱国立场，积极投入抗日战争。1919年的"五四运动"中，他支持钱业界罢市一周，积极参加轰轰烈烈的抵制日货运动。1925年"五卅"惨案发生后，他又支持上海各钱庄参加罢市，以示抗议。1931年"九·一八"事变后，他发动上海各钱庄断绝与日商的往来。1932年"一·二八"淞沪战争期间，他又组织钱业界捐募衣物钱币，支援十九路军。1937年"八·一三"事变以后，他还积极支援困守四行仓库的谢晋元团。

秦润卿关心银钱业职工业余生活。1936年10月4日，上海市银钱业业余联谊会成立时，他支持以普通职工为主组织起来的业余团体活动，被聘为名誉理事。这个团体由小到大，历经了13年的奋斗，团结教育和培养了一批职工队伍，他始终予以关心和支持。

上海沦陷后，日伪曾企图胁迫秦润卿担任伪职，但他坚持蓄髭明志，匿居他处，拒任伪职，显示了高尚的民族气节。

秦润卿一辈子从事钱银事业，不仅善于理财，也善于用财，还严于自律。在用财方面，他坚持的是"取之于社会，用之于社会"的宗旨，把自己身兼各种董监事的酬劳大部分都捐献给了社会福利事业。在自律方面，他对自己的要求十分严格，坚持自奉俭约，不饮酒、不玩牌、不赌钱、不纳妾、不常添置衣服，且公私分明，不准家人乘其公用汽车。他平时生活极有规律，早睡早起，常阅读书报以消遣，并每日写日记，经年不断。每逢喜庆人家请他证婚，事后要酬谢他时，他都劝告人家去捐赠医院、学校等公益事业单位，而不要酬谢他个人。他这种严于律己和为他人、为社会奉献的精神，在十里洋场的旧上海堪称难能可贵。不少人因之把他看成是"正宗"宁波帮的楷模。

秦润卿不仅自律甚严，在一些大是大非上也态度鲜明。他除了在钱业界担任领导职务外，还担任上海总商会副会长、宁波旅沪同乡会副会长、租界工部局外董、华人纳税协会、四明公所、华洋义赈会会董或理事等职务。在这些岗位上，他一直坚持反对帝国主义国家的侵略，支持爱国抗日的立场。当国民党蒋介石政府日益显露其反动本质时，他也常以行动表示不满。中华人民共和国成立前夕，有人劝他去台湾，他不为所动。1949年以后，他曾任上海市第一、二、三、四届政协委员，积极拥护党对私营钱银业的社会主义改造。1952年全国公私合营银行成立后，他被推荐为副董事长，并坚持天天到行办公。

秦润卿自感幼年失学之苦，素有育材崇教之志，对办教育和社会公益事业特别热心。早在1915年，他就开始捐资办学，曾与乡友李寿山、王荣卿等人一起集资，在家乡慈溪县城内西营旧地（今宁波市慈城镇）购地一处，兴建"普迪学校"（意为普及文化，启迪民智），聘请鄞县名士谢缄三为校长。初时即有学生数百人，其中对一些贫困学生不仅免收学费，还供给课本文具。数年后因学生人数激增，校舍不敷，又在慈城原考棚旧址另建"普迪二校"，两校学生共有两千多人，所聘教师多为饱学之士，其中有现代著名文学家柔石、巴人等，该校因之成为浙东著名的小学。当时该校还特别规定，本校毕业生可免费保送入慈溪中学；若不升学，则可介绍到上海五和织造厂、大有余榨油厂、鸿章纺织厂做工；若文科优异者可介绍入钱庄或银行做练习生。对此，故乡人士有口皆碑。

在此之后，秦润卿又与乡友杨逊斋、陈夏常等共同捐资，在慈城原慈湖书院附近购地数十亩，扩建校园，创办慈溪县立中学，使该校成为浙东一所布局整齐、治学严谨的著名学府。同时他还应乡友陈布雷、陈夏常、何璇卿等人之请，担任宁波效实中学的校董，尽力资助办校经费。

在上海，秦润卿也同样热心于捐资办学之举。1923年，他在上海河南路塘沽路口原钱业会馆创办"修能学社"，专收钱业同仁子弟入学，延聘江南学者冯君木、杨历憔为正副社长，教师皆为名流、学者，其中有陈布雷、钱太希、沙孟海、王个西、冯定等。该社后迁至牛庄路，改名为"储能中学"，先后聘请乌崖琴、段力佩任校长，周建人、杨晦、汪刃锋、冯宾符等都曾任教职。抗战时期，此校曾一度成为效实中学的上海分校。1924年10月，秦润卿又倡议钱业公会筹设钱业公学，秦自任校董事会主席。1929年改称钱业中小学，以后又增设高中部，附设幼儿园，成为一所完整的中小学。

秦润卿还热心造福乡邦。他曾积极帮助家乡发展蚕丝养殖。在家乡受灾之年，想方设法组织平粜粮，接助乡民。他还同陈谦夫等在慈城倡设保黎医院，并长期为之募集资金，增添设备，扩建房所，使之成为一所有良好设备的医院。为弘扬民族文化，他还在家乡创办一所藏书楼，题名"抹云楼"。抹云楼图书馆购置慈城冯氏"醉经阁"藏书及各种中

外古今书籍共4万余册，中华人民共和国成立后全部捐献给了国家。

1966年7月，秦润卿因病逝世，享年89岁，他身后仅存一些建设债券，没留什么金银财物。他不愧是一位爱国爱乡、善于理财用财、严于自律的金融企业家。

■故事感悟

秦润卿一生乐善好施，热心公益，克己律身，造福乡里。可以说他的一生是励志报国、奋斗不息的一生，是业绩累累、不平凡的一生。他是一位值得世人敬重仰慕、纪念学习的商界爱国人士。

■史海撷英

蓄须以明抗日志

秦润卿在对抗日斗争的态度上，始终坚定不移。1931年"九一八"事变后，秦润卿立即投入抗日斗争，断然与日本厂商绝交，那些经销日货的工商行亦被摒弃。1932年，"一·二八"淞沪战争爆发，他组织钱业界捐募衣物钱币，支持十九路军抗战。秦润卿为了抗日，不但以自己掌管的钱庄在经济上同日本侵略者断绝往来，进行抵制，而且在政治上也同敌人展开了不屈的斗争。

1940年3月，汪伪政权"南京国民政府"成立，上海成为汪伪政权的一个特别市，傅筱庵经日军邀请出任上海特别市市长。傅筱庵曾以宁波同乡关系邀请秦润卿出任市府参议，秦润卿坚决不受。次年10月，傅筱庵组织"国庆大典"，邀秦润卿出席，秦润卿又借故避席。后伪市长陈公博派闻兰亭、袁履登多次邀秦润卿主持银钱界，并委以伪职，秦润卿均以年迈为由，隐退寓次，蓄须明志。

普迪小学——近代江北的平民学校

普迪小学是江北近代教育史上一所著名的新式学校，是由20世纪二三十年代叱咤上海滩的宁波帮人士秦润卿发起创办。

普迪小学创办之时，正值民族危机存亡的年代，它的命运也因此打上了那段历史的烙印。20世纪30年代日寇侵占慈城期间，普迪小学的校舍连遭炮火毁损。抗战胜利后，时任中国垦业银行董事长兼总经理的秦润卿为修复普迪校舍，向董事会请求预支他的养老金、抚恤金。银行董事会通过了决议，答应提前支付给他养老、抚恤款2万元。普迪的学生又得以重返校园。

普迪小学是当时一所新思潮颇为活跃的学校，中国现代历史上的不少文化名人都曾来该校执教。"左联五烈士"之一的著名作家柔石，在浙江省立第一师范学校毕业后，1924年来到普迪小学任教。为数不少的普迪毕业生，以学校创办人秦润卿先生为榜样，锐意进取，自强不息，乐善好施。

第二篇
事业成功报效国家

卜式富而报国得皇恩

卜式（生卒年不详）。西汉武帝时河南郡（今河南温县）人。他是孔子的门生——战国著名文学家卜子夏的七世孙。因捐家财助公，召拜为中郎，后为缑氏令，赐爵关内侯。官至御史大夫。享天年而卒。

卜式，河南郡人，以种田和畜牧为生。父母双亡后，家中只有个幼小的弟弟。弟弟成人后，卜式把田地房屋财产都给了弟弟，自己只带走一百多只畜羊，进入山中放牧。过了十多年，他的羊达到一千多只，又买了田地房屋。而他弟弟却家业衰败，一贫如洗，于是卜式又屡次把家产分给弟弟。

当时汉朝正在和匈奴作战，消耗巨大，国库很紧张。卜式上书表示愿意把财产的一半拿出来支援抗击匈奴的战事。

汉武帝便派遣使者问他："你这样做，是不是想做官呢？"

卜式答道："我从小就放羊，只会放羊种地，没学过做官的学问，不习惯过官吏的生活，我不愿意做官。"

使者接着问："那家中是不是有冤屈的事打算上告，让官府帮助你

打赢官司？"

他又回答："小人生下来就从不和人争执什么。对我的家乡人，生活困难的我就借他们钱粮，对行为不端正的人，我就开导教诲他。我住在家乡，人们都信赖我，对我都很友好，我能有什么冤屈呢？"

使者百思不得其解，便问："既然是这样，那你拿一半财产出来是想做什么？"

卜式诚恳地回答道："天子讨伐匈奴，我认为有能力的人应该到前线拼死作战，有钱财的人就应该捐献出来，资助军队。有力出力，有财出财，这样我们大汉才能把匈奴消灭了。"

使者把上面的话汇报给汉武帝，皇帝便把这些话说给丞相公孙弘听。公孙弘是当时著名的儒士，平时大道理讲过不少，可是碰到卜式这样以实际行动报效国家的人，他就不好理解了。于是就以小人之心度君子之腹，回答道："这可不符合人的本性。对那些图谋不轨的人，不能为了利益而破坏法纪。请陛下不要答应。"于是汉武帝一直没回复卜式。这样拖了几年，卜式一直在家乡继续种田放牧。

汉武帝是个有雄才大略的君王，但他大兴兵事，对外讨伐其他所谓的蛮夷国家，对内则大肆封赏有功劳的臣子，导致国库空竭。于是宣布可以用钱来给奴婢们赎身，给他们终身的自由。元朔五年，宣布平民可以用钱买爵位以及赎出因为犯罪而被囚禁的人，而且彻底免罪。又设置赏官，称作武功爵。还大搞盐铁专营，以增加收入。

又过了一年，匈奴浑邪王率众投降，汉武帝自然又封赏无数，导致国库更加空虚，贫民纷纷迁徙，官府无法全部供给。这时，卜式再次拿出20万钱给河南太守，用来帮助那些迁徙的民众。到了河南上表报告帮助贫民的富人名单的时候，汉武帝从中看到了卜式的名字，认出是前几年打算拿一半家产资助边境军事的人。于是汉武帝赐给卜式400人更赋钱，而卜式又把这些赏赐归还了朝廷。那时候，有钱人都绞尽脑汁地藏匿钱财，只有卜式总是想帮助国家。汉武帝认为卜式是个忠厚的长者，便征召他，拜为中郎，赐爵左庶长，又赐予他良田10顷。并诏告天下，想用这样的尊荣显贵来带动其他人。

起初卜式不想做官，皇上道："我上林苑中也有羊，想让你为我养它们。"于是卜式做了中郎，穿着布衣戴着草帽趿着草鞋去养羊。一年后，他养的羊又肥繁殖又多。皇上经过他养羊的地方，很欣慰地夸奖他。卜式便说道："不只是养羊，治理国家也是这样的道理。'以时起居，恶者辄去，毋令败群。'"皇上很惊异他能有这样深刻的见解和精辟的言论，就想试试让他帮助治理国家。于是拜卜式为缑氏令，卜式很轻松地将缑氏治理得非常好。便升迁为皋令，结果卜式的政绩仍然非常好。皇上因为卜式的忠诚质朴，拜他为齐王太傅，后转为齐相。

当南越吕嘉反时，卜式上书道："臣闻主愧臣死，群臣宜尽死节，其弩下者宜出财以佐军，如是则强国不犯之道也。臣愿与子男及临菑习弩博昌习船者请行死之，以尽臣节。"他请求汉武帝批准他父子和齐国熟习舰船的人前往南越效死。皇上认为他很贤德，下诏书道："朕闻报德以德，报怨以直。今天下不幸有事，郡县诸侯未有奋繇直道者也。齐相雅行躬耕，随牧畜悉，辄分昆弟，更造，不为利惑。日者北边有兴，上书助官。往年西河岁恶，率齐人人粟。今又首奋，虽未战，可谓义形于内矣。其赐式爵关内侯，黄金四十斤，田十顷，布告天下，使明知

之。"着实把卜式表扬了一番，又封侯又赐物，又想利用他的行为来带动天下人。可惜全国无人响应，当时列侯数以百计，没有一个人要求从军打南越。

元鼎（公元前116—前111）中期，皇帝征召卜式代替石庆为御史大夫。所谓在其位谋其政，卜式就上表说盐铁专卖不好而船运也要算钱，应该停止。皇上因此而不喜欢卜式。元封元年应当封禅，卜式又不擅长写文章，便被贬为太子太傅。卜式最终得享天年。

■故事感悟

卜式作为普通百姓，却知道富裕不能忘国的道理。在国家需要他时，有钱出钱，有力出力，一心为国为民。能有这样的思想和作为，确实可以流芳千古了。

■史海撷英

汉武帝悔过罪己

汉武帝雄才大略，但也骄奢淫逸，与秦始皇相比，有过之而无不及。他到处修建苑囿、宫殿，内饰穷极豪华。还和秦始皇一样喜欢巡游，先后出巡十几次，其中公元前110年的出巡是他一生中最声势浩大的、也是耗费最多的一次巡游。他先是到关外朔方，向匈奴炫耀军威；然后南下登中岳嵩山；东巡海上，又跑到泰山封禅，再沿海北上至碣石，再向西沿北郡经九原折回长安，行程达1.8万里。汉武帝沿途赏赐所用帛百余万匹，金钱巨以万计，所费远远超过秦始皇。

汉武帝还想着自己能长生不老，迷信鬼神，寻求长生不老仙药。骗人的方士破格被封为五利将军、天士将军、地士将军、大通将军、乐通侯，赐黄金万斤，甚至把自己的女儿卫长公主嫁给了方士。但最后骗局败露，汉武帝恼羞成怒，腰斩了此人。但他痴心不改，还不断派人到海上求仙。

汉武帝老年更是疑神疑鬼，有一次梦见数千木人打他，醒后病倒，认为是臣下诅咒造成，于是造成"巫蛊之祸"，先后牵连并遭到杀害的有数万人，其中包括丞相公孙贺父子，武帝亲女诸邑公主、阳石公主，卫皇后的侄儿长平侯等显贵人物。后来还把太子也牵连进去，使太子不得不假传圣旨捕斩主持此事的江充，发兵攻占长安各要害部门，最后兵败自杀，皇后也自杀。再后来，丞相刘屈氂和将军李广利也因"巫蛊之祸"受到牵连。刘屈氂被杀，李广利投降匈奴，所统帅的7万大军全军覆没。此时，一生多次大胜匈奴的汉武帝才醒悟过来，觉察到所谓"巫蛊活动"纯属江充等人制造的冤案，于是诛灭了江充全家，结束了这一惨祸。

一连串的教训使晚年的汉武帝开始检讨自己的过错。公元前89年，汉武帝最后一次出巡，走到矩定县（今山东广饶县北）时，看到农民正忙着春耕，他便拿起农具，亲自到田里参加劳动。他到泰山明堂里祭祀时，对着天地神灵和大臣们自我检查。不久，汉武帝又按大臣请求遣散了所有的方士，并于当年六月下"罪己诏"，标志着汉武帝一生政策的一大转折。自此以后，他采取了与民休息、思富养民的政策。经过两年的努力，社会又趋于安定。

公元前87年，汉武帝逝世。

■ **文苑拾萃**

《汉乐府·古歌》

秋风萧萧愁杀人，出亦愁，入亦愁。

座中何人，谁不怀忧？令我白头！
胡地多飙风，树木何修修。
离家日趋远，衣带日趋缓。
心思不能言，肠中车轮转。

张氏兄弟出资建铁路

张榕轩（1850—1911），名煜南；张耀轩（1861—1921年），名鸿南，广东梅县松口镇溪南村人。

张榕轩年少时只身往南洋荷属苏门答腊谋生，初投大埔籍华侨巨商张弼士门下任职员。后初立门户，在荷属苏门答腊棉兰经营商业、垦殖业及开办银行等企业，并招其弟耀轩前往，协助发展事业。

张榕轩、张耀轩兄弟，是我国近代华侨中的先驱拓荒者、著名华侨实业家和爱国侨胞领袖，潮汕铁路创办人。

张榕轩是广东梅县松口镇溪南村人。据当地族谱所载，他是闽粤张姓始祖张化孙的23世裔孙。父母生下兄弟七人和一个妹妹。父亲开了一间小杂货店经营米谷、杂货，因本小利微经营惨淡，难于维持十口之家生计。他在村里私塾念过几年书，因为家贫，辍学从商，帮助父亲做生意。

明清以后，我国沿海地区的人大量远涉重洋到异地他乡谋生。清朝末年，西方殖民者在汕头、香港等地设立了"猪仔馆"，拐骗运送中国的青壮年到国外充当劳工，称为"卖猪仔"。这些劳工大部分在荷兰殖

民者办的矿山、农场做苦工。

松口是粤东重镇，水陆交通便利，旧时有"松口不认州"之说。清朝乾隆年间海禁开放后，有些松口人远涉重洋到异地他乡谋生，其中有部分华侨从事"水客"职业。"水客"（又叫侨批员）一般为终身职业，定期来往于国内侨乡和海外侨居地之间，为海外侨胞及其家属办理信件往来和汇兑及物品等，事情办妥后华侨送红包（即劳务费）相谢。有的人就是由"水客"带出国。水客所带出洋者，少则二三人，多则二三十人，费用先由华侨来支付，日后做工有钱时再还给水客。为了生活，张榕轩跟随"水客"前往南洋荷属东印度的苏门答腊谋生。张榕轩出国后不久，父亲在家乡病逝，杂货店务由他弟弟耀轩经营。

张榕轩在苏门答腊谋生初期，在大埔籍华侨巨商张弼士的企业任职员。由于他诚实守信，善于经营，所以极受信任并被重用。后来，他手头有了积蓄便自立门户，并招其弟耀轩前往办企业。他另行组合新股，投资荷属东印度一些商埠的烟、赌、酒、当铺，居然大有所获。不久，调驻该地的荷兰殖民政府军队由于后勤补给线过长，改从当地征购军需粮秣，张氏兄弟多方经营，取得了代行采购一部粮食补给任务，从而发了一笔大财。

清光绪四年（1878年），张榕轩投巨资与张弼士在爪哇日惹合股创办垦殖公司，经营橡胶、椰子、咖啡、茶叶，先后开辟橡胶园八所，茶叶加工厂一处，地广百余里，拥有职工数千人。后来又与张弼士合资创办一家日惹银行，以调剂全埠金融。历经十余年锐意经营，其资产总额累达数千万荷盾，成为该埠华侨中之巨富。

清光绪五年（1879年），张耀轩应其兄之邀前往棉兰，在其兄所办企业出任总管，鼎力协助其兄发展事业。后来张耀轩也在西甫兰地区买下一处大种植园，经营种植橡胶，成为该地第一个华侨种植园主。

光绪二十三年（1897年），张弼士应清政府邀请回国商议筹办中国通商银行事宜时，深悉张榕轩之弟张耀轩善于筹算，因而十分信任他。归国前，张弼士就将其在东南亚的所有企业委托张耀轩全权代理。这样，张氏兄弟顿时声名显赫，一跃成为东南亚实力雄厚的财团之一。

随后，张氏兄弟继续投资，与张弼士合股在巴达维亚、亚齐创办"裕昌"和"广福"两个远洋轮船公司，经营客运与货运。与此同时，又参与筹办中华银行，在总股份600份中，以张耀轩名义便认购了200份。从此，张耀轩也把企业实业进一步扩展到爪哇岛。

清光绪二十年（1894年），黄遵宪出任我国驻新加坡总领事时，深知张榕轩富有爱国心，也熟谙侨情，早已成为当地华侨公认的头面人物。于是举荐张榕轩为我国驻槟榔屿副领事。张榕轩于1895年上任后，从此由商界步入仕宦之道，但仍然亦官亦商。那时，槟榔屿无正领事，一切外交政务均由副领事行使职权。他在任内，侨民安谧，友邦亲善，因而备受侨民钦敬。

荷兰殖民当局以张氏兄弟辟埠有功，又操埠中金融大权，且备受广大华侨的拥戴，为嘉奖其功，就向他们兄弟二人先后授予霄珍兰（相当于中尉）、甲必丹（相当于上尉）之职，张榕轩还被提任为华人玛腰（相当于少校）职务。这些职务是西方殖民者据有东南亚后，为便于华侨社区的内部自治，授予所委任的华侨领袖人物的官衔。

1898年，张耀轩随张弼士从巴达维亚前往新加坡办理商务时，德国邮船公司推行种族歧视政策，他们极为反感。那时华侨纳税是估算个人收入计征的方法，往往多估，使华侨增加负担，蒙受损失。张氏兄弟出任荷印华人官职后，兴利除弊，凡苛虐华侨之条例，必出面与当局交涉，到取消为止，深受当地华人所拥戴。

1899年，张弼士由清廷委派为佛山铁路总办，后调闽广农工路矿

大臣，上疏《招商兴办铁路》奏准，即邀张氏兄弟回国商讨兴办铁路事宜。当时张榕轩带重礼入京觐见光绪皇帝，张氏以己瞻"天颜"、得沐"殊恩"，怀着感激的心情，接受了工部和矿务铁路总局提出的意见，决定筹建潮汕铁路。

1903年，已被清廷委任为粤汉铁路和广东佛山铁路总办的华侨巨商张弼士，在清廷召他回国商议国事时，特邀请张榕轩一同回国洽谈兴办铁路事宜，张榕轩立即应允前往。他向清廷提出在韩江下游修建潮汕铁路的计划和成立公司的章程，很快获得清廷批准。在侨（商）办铁路的利益方面得到光绪皇帝的具体保证后，即着手筹建，成立潮汕铁路有限公司。铁路的勘测设计，由著名工程师詹天佑负责。

潮汕铁路总预算金额为300万银圆，其中张榕轩、张耀轩各认100万银圆，谢梦池也认25万银圆。不足之数，由张氏兄弟包下，并于1904年4月正式创办潮汕铁路公司，张榕轩、张耀轩出任董事长。1904年8月底，勘测和划线工作顺利完成，同年9月28日正式动工兴建。两年之后，1906年10月，我国近代史上第一条由华侨投资兴建的纯商办铁路——潮汕铁路线建成。它南起汕头，北止潮州，全长39千米，同年11月25日正式通车。1908年筑至意溪，全长42千米，实际投资额为302.58万银圆。

潮汕铁路从1906年通车到潮汕沦陷（1939年）的33年间，对韩江中、上游梅州属下各县及赣闽边境的华侨和物产进出汕头港口起到一定作用，抗战前韩江一带华侨和客商由汕头进出国门，多乘坐过这条铁路的火车，曾给人们留下抹不掉的记忆。

潮汕铁路的兴建，在我国近代史上开创了民办铁路之先河，清政府曾多次嘉奖。潮汕铁路建成后，清政府为表彰张氏兄弟的业绩，于1907年改授张榕轩为三品京候补，后又被委任为考察南洋商务大臣；改授张耀轩为四品京堂候补。

张榕轩、张耀轩热爱家乡振兴中华的宏愿，在中国近代史上留下了光辉的一页，至今为人所传颂。中华民国成立后，孙中山亲笔题写"博爱"两字，送给张氏两兄弟。

■故事感悟

张榕轩、张耀轩两兄弟被誉为近代华侨中的先驱拓荒者和著名华侨实业家以及爱国侨胞领袖。他们为振兴中华大力创办实业，并不遗余力修筑铁路。这种爱国热情正是中华民族传统美德的体现。

■史海撷英

张氏兄弟的慈善事业

张榕轩兄弟乐善好施，对于侨居地和祖国的公益事业鼎力资助。1902年，以张榕轩名义捐献8万两银给广州一所高级中学作基金。张氏兄弟还曾捐赠10万元给香港大学，并以张耀轩名义捐建岭南大学一座两层的"耀轩楼"（在今中山大学校园内）。捐资4000元光洋给梅县松口公学（即今松口中学）。他们还捐资家乡的溪南学校、铜琶桥等公益事业。

他们在侨居地棉兰独资创建华人敦本学校和捐建各埠中华学校校舍，并捐资造棉兰日惹河大铁桥和捐建"济安医院"，对病人实行医药免费治疗。此外，还在棉兰老湾海口捐设麻风医院，收容医治麻风病人。

陕西闹旱灾、北京发生饥荒筹赈时，榕轩兄弟都先后捐出巨款帮助，受到清廷荣奖。

1910年，江南开劝业会，张氏兄弟带头捐款30万元，以倡导"实业救国"。

1911年武昌起义后，张耀轩在同乡的同盟会会员谢逸桥的倡导下，曾捐出了一笔巨款支持孙中山领导的革命事业，在其大力相助带动下，南洋华侨亦踊跃捐款资助。

□ 文苑拾萃

潮汕铁路

潮汕铁路自潮州西门外起至汕头厦岭，由当时爪哇华侨张榕轩集资兴办。1904年3月开工，1906年10月竣工，全长39千米，该路因不甘落入日本侵华军手中而于1939年被拆除。

这是中国第一条华侨出资兴建的铁路。

爱国实业家陈万运

陈万运（1885—1950），又名遇宏，出身于小商人家庭。幼年读过私塾。1900年到江苏省南汇县周浦镇三阳泰烟纸店当学徒。1912年，与沈九成、沈启涌（均为观城人）在上海四川北路鼎兴里合资开设制造烛芯的手工作坊——三友实业社。1941年12月，日军占领上海公共租界，实行经济统制，三友实业社因而生产停滞，入不敷出，资金几乎耗尽。1944年，陈万运辞总经理职务。1950年10月17日陈万运在上海病逝，终年66岁。

宁波商人陈万运是三友实业社的领军人物，不仅开创了中国毛巾工业的先河，而且还是著名的爱国人士，特别是日军占领时期，其爱国表现为后人所敬仰和称道。

1912年4月，陈万运与朋友沈九成、沈启涌开设三友实业社，制造洋烛烛芯，产品商标定名为"金星"牌。不久，陈万运看到当时日货"铁锚"牌毛巾充斥市场，很受市场欢迎。而国产毛巾却因质地粗糙，少有人问津，于是萌发了生产优质国产毛巾，以国货代替日货的想法。毛巾是千家万户所需的日用品，市场容量很大。于是，陈万运

增资3万元，成立三友实业社股份有限公司，在杨树浦引翔港购地30亩，建造规模较大的生产总厂，生产"三角"牌毛巾，与西邻日商东华毛巾厂（生产"铁锚"牌毛巾）抗衡。"三角"牌于1919年在北京农商部注册备案，其图案是由一个圆圈加内三角组成，寓意三人同甘苦、共患难。

产品出来了，但要打开市场还有很长的路要走。"三角"牌毛巾质量不如"铁锚"牌，价格也高于日货，自然要败下阵来。为了赢得市场，陈万运聘请了刚从国外留学回来的纺织专家把好技术关，仔细研究日本毛巾的技术优势，又针对日本毛巾花色单调、洁白度不足的缺陷，采取有效措施。他们把生纱漂白改为熟纱漂白，使毛巾的吸水性、手感、白度、纱支脱脂提高到一个新水平，是当时漂炼工艺上的革新。接着，三友实业社继续开展毛巾花式的研究。他们把原来生产多年、式样单调的红蓝档式毛巾加以改进，用鲜红色在雪白平布上印上"祝君早安"字样，还为大宗客户免费加印字号。以后，三友实业社又研究生产新颖别致的多片综织造的回纹浴巾。这三招，招招都使国产毛巾的质量得到了巨大飞跃。投放市场后，深受广大用户青睐，甚至远销东南亚一带。

第一次世界大战爆发后，进口欧货烛芯中断，日商乘机抬价，英美洋行所属在华洋烛制造厂就向三友实业社订货，并预付订金帮助扩大生产。1915年12月，三友实业社增资至3万元，并改组为股份有限公司。1917年建造规模较大的工厂，除生产烛芯外，还生产毛巾、被单等棉织品。三友实业社所生产的"三角"牌毛巾，畅销国内，把日货"铁锚"牌毛巾挤出了中国市场。由于经营管理得法，企业发展很快。从1912年至1931年，在不到20年的时间里，资本额从450元激增到200万元，发行遍及全国各大城市。

1919年五四运动爆发后，抵制日货、爱用国货思想深入人心。三友实业社抓住这一时机，在报刊上接连刊登激发爱国热情的广告，如新产品"透凉罗"问世时，就有"透凉罗"打倒"珠罗纱""护卫国货的成长也是国民天职"等广告，还聘请漫画家张乐平、叶浅予等为三友实业社绘制宣传画。诸如此类行动，打破了日商、英商毛巾在上海市场的垄断。市民争用国货、爱用国货，商人也经销国货。"三角"牌毛巾从此销售日广，全盘占领了上海市场。日货"铁锚"牌毛巾则节节败退，后来一蹶不振。

企业要取得长足的发展，关键是尊重知识、重视技术、起用能人。陈万运对有一技之长的人才高薪聘用，罗至门下。曾花重金引进留学归国的专家，然后再派他们进入日商企业"留学"。但陈万运对纨绔子弟却深恶痛绝，他曾在《机联会刊》发表一篇题为《三爷》的文章。文章说，"少爷""姑爷""舅爷"这些人都依仗后台，好逸恶劳，成事不足，败事有余。企业若招收这类人进厂，休想大展宏图，谋求发达。此文发表后，曾引起社会各界人士的强烈反响。

三友实业社由于经营管理得法，企业发展很快。三友实业社的产品之多、营业之盛，在当时实业界中也是屈指可数的。随着"三角"牌毛巾市场占有率的不断提高，三友实业社的利润也水涨船高，职工的收入水平远高于其他工商企业。陈万运还在厂里设立图书馆、俱乐部、医疗室等设施，处处为工人福利着想，因此三友实业社的工人们以社为家，凝聚力极强。不久，三友实业社又盘买了杭州通益众纱厂和鼎新织布厂，改为三友实业社杭州分厂。陈万运集中精力经营杭州分厂，实现了自纺自织自染自整。

"九一八"事变后，三友实业社生产总厂的工人们抗日热情高涨，成立了抗日救国会，组织了三友抗日义勇军，多达四百余人参加。陈万

运亲任大队长，队员自费做了军装，天天在上班前操练。上操时，背了木质步枪，上了铅皮做的刺刀，高唱自编的战歌："我国不幸，水灾兵祸受尽折磨；暴日兴兵，强盗杀人放火。我们要精忠报国，要把那日本帝国主义打破。"抗日义勇军还在厂门口高墙上贴了一幅巨型宣传画，标题是"定要收复东北三省"，画的是一个义勇军战士，拿着长枪对准日本兵。陈万运因为发展民族工商业，因此也遭到日本政府和日本商人的仇视。

1932年"一·二八"事变前夕，日寇到处寻衅，蓄意挑起战争，并制造了"日僧事件"。1932年6月，三友实业社被迫停产。

抗战爆发后，杭州沦陷，工厂被日军侵占。日军找陈万运任维持会长，但陈拒不降敌，深藏在杭州郊外杨梅岭山洞中，乘机潜行赴沪。翌年，日方又企图诱使陈万运与其合作经营，被拒绝。12月9日、10日，《申报》《新闻报》等各报竞相登载此消息，支持陈万运的爱国行为。陈从杭州潜回上海，为维持三友实业社职工的生活，在租界制销国药，以后代销其他厂部分棉织品。1941年12月，日军占领上海公共租界，实行经济统治，三友实业社因此生产停滞，入不敷出，资金几乎耗尽。1944年，陈万运辞去了总经理职务。

1950年8月，爱国实业家陈万运在上海新昌路金椿里职工宿舍走完了他坎坷的一生，终年66岁。他生前俭朴自廉，死后身无长物，连丧葬费也由公司筹措。陈万运虽然生不逢时，但依赖其坚韧不拔的开拓精神和爱国热情，在近代上海经济发展史上占有重要的位置。

■故事感悟

陈万运是我国现代著名的爱国实业家，他提倡国货、抵制日货的思想深入人心。同时，他更是身体力行支持抗战事业。他也是富商大贾，也曾富甲一方，他的一身浩然正气可歌可泣。

■史海撷英

女间谍制造"日僧案"

据史料记载，1932年1月18日下午，日本僧人天崎启升等五人打着"修行"的幌子，在马玉山路（今双阳路）三友实业社毛巾厂门前敲鼓击钟，还向厂内投掷石块。其行迹引起厂内义勇军的注意，义勇军成员紧跟其后，天崎启升等人见状逃窜。此时，由日军特务长官田中隆吉和女间谍川岛芳子事先雇佣的打手，化装成工人模样混入义勇军之中，对日僧用石块猛砸猛打，造成一死二伤的惨状，并将责任嫁祸于三友实业社工人身上。这便是轰动一时的"日僧事件"。第三日凌晨，日本宪兵大尉重藤千春带领日本浪人团体"日本青年同志会"六十余人袭击了三友实业社，纵火焚毁厂房，损坏机器，还打死前来的工部局华捕1人，打伤2人。

战后，田中隆吉在自供状中称，他知道三友实业社是"非常共产主义的，是排日的根据地"，于是就让川岛芳子巧妙地利用三友的名义杀死日莲宗的化缘和尚，借机挑起事端。于是，1932年1月28日晚11时30分，日军发动了战争，第二天即占领了三友实业社。

"日僧事件"也成为"一·二八"事件的直接导火索。

■文苑拾萃

纺织强县——高阳

河北省保定市高阳县的纺织品遍天下。20世纪上半叶，产量占华北地区的三分之一，有"桂林山上无杂木，高阳花布四季新"之誉。改革开放以后，

高阳纺织开始了真正的腾飞，产品畅销二十多个国家和地区。1997年，高阳县被河北省人民政府命名为"纺织强县"。

目前，高阳纺织业已发展成为集纺、织、印染、供销、服务门类齐全的工商业体系。产销量分别占全国总量三分之一的毛线、巾被、毛毯三大主导产品铸就了高阳纺织业的辉煌，使高阳成为全国最大的巾被专业市场和全国最大的棉纱集散中心，并先后被国家、省授予"中国纺织基地县""中国毛毯之乡""河北十强特色产业县"等称号。

"实业救国" 先驱徐润

徐润（1838—1911），又名以璋，字润立，号雨之，别号愚斋。广东省珠海市北岭村人。徐润15岁时，随叔父徐荣村到上海，进入英商宝顺洋行当学徒。他勤奋好学，又有悟性，所以深得洋行上下看重，19岁已获准入上堂帮账，24岁升任主账。不久，接任副买办之职。1868年，徐润脱离宝顺洋行，开始自立门户经商。

徐润是晚清从事各项经营活动的大商人。他出身贫寒，后以买办起家，又投入洋务派企业，还在各行各业广泛投资。

晚清时期，中国遭遇数千年来未有的变局，西方的风气以各种方式渗入中国。在得风气之先的广东香山（今中山和珠海）出现了一个买办群落，容闳、唐廷枢、徐润都是香山的著名"买办"。史界近年对"买办"进行了重新评价，有学者认为买办在中国的近现代化过程中起到了桥梁作用，最早一批实业救国的民族企业家大部分都是有过买办经历的人，徐润就是其中之一。

1861年1月，总理各国事务衙门建立，这是以"自强"为口号的洋务运动开始的标志。主持招商局是徐润为国办实业的第一项任务，轮船

招商局是中国第一家自办的股份制企业。

轮船招商局是中国近代洋务运动中最大的经济实体，总局设在上海。开办轮船招商局，成败的关键在于资金的筹集。1873年6月，李鸿章约见了穿中式长袍戴西式瓜皮帽的徐润，并正式委任徐润为轮船招商局会办，主持轮船招商局的业务经营。在主持局务期间，徐润采用先进的经营管理方法，明确规定招商局的经营以揽载为主，漕运为次；并开办保险公司，承担营运风险。这家中国最早的股份制企业在草创时期，不仅经受住了来势汹汹的外商联合抵制与压价竞争，而且不失时机地收买了当时东亚最大的商业船队——美商旗昌轮船公司，使招商局的规模和实力大增，从而控制了长江航运、沿海航运的大部分经营权，奠定了中国近代航运业的基础。

轮船招商局就是今天中国香港、中国台湾等地招商局的前身，它的发展轨迹典型地反映了中国民族经济走向近代化、现代化的艰难历程。在创业阶段中，徐润所起的作用举足轻重。

光绪元年（1875）农历二月十七，招商局"福生"号轮船被怡和洋行"澳顺"号轮船撞沉。查"福生"号船装酒米杂货，并搭客上下65人，船上华洋执事53人，船员23人遇难，唐廷枢和徐润对此悲痛不已。这次惨痛的教训也使唐廷枢和徐润下定决心要成立中国人自己的保险公司。

1876年，徐润集股25万两创立"仁和水险公司"。这是中国境内第一个由华人自办自创的保险公司，将原本外商独占的保险业资金回归国人自身，对于招商局内经费节省及利润的收取影响不小。1878年，徐润又成立了"济和水火险公司"，集股50万两，扩大了承保能力和覆盖面。1886年，徐润又将这两家保险公司合并为"仁济和保险有限公司"。他借鉴西方先进的经营模式，创办自己的保险公司，以推动民族经济的发展。"仁和""济和"这两家保险公司，也实为中国保险事业之先驱。

1879年至1883年短短四年中，招商局又有七艘船失事。如果没有保险，损失可谓大矣。徐润成功开办保险公司使得"保险"这一现代商业概念渐为国人所认可。时人万元熙以"保险公司"为题，写了一首诗："水火偏灾本风因，险能蠲脱事鲜新。莫于利实开来巧，问有仁心保卫人。"

此后，徐润又做了两件大事：一是奔波大江南北的各个矿区，为中国近代矿业的发展进行实地勘探与开采，对中国近代矿业的发展做出了重要贡献；二是在上海创办同文书局，这是中国第一家现代机器印刷厂，以翻印中国古典文献为主，如《二十四史》《资治通鉴》《通鉴纲目》《康熙字典》，为中国古典文献的保存做了许多工作。

此外，徐润在推动中国文化、卫生事业走向近代化方面也做了大量的工作，诸如创办格致书院、仁济医院、中国红十字会等，其中影响最为深远的当数选派中国幼童官费赴美留学和创办同文书局。

晚年的徐润组织编修《北岭徐氏族谱》，撰写《徐愚斋自叙年谱》，派人回故乡北岭村修建村道、祠堂，修筑"竹石山房"（即"愚园"），捐资办义学。1911年3月9日，徐润在上海逝世，终年73岁，其灵柩从上海运回北岭村安葬。

□故事感悟

徐润被誉为近代"实业救国"的先驱，他开发矿产、引入保险业、创办实业等，对中国近代工商业贡献甚大。他的所作所为，还渗透着中华民族"穷则独善其身，达则兼济天下"的优秀道德传统。

茶的分类

金茶，最早发现于数千年前，《中茶志》中曾有提及。极品金茶遍体金色，泡出茶汤为琥珀金色。纯天然生成，主要产地在湖南、福建。目前仅有湖南保持少量金茶原叶产地。

绿茶，这是我国产量最多的一类茶叶，我国绿茶的花色品种之多居世界首位。

黄茶，在制茶过程中，经过闷堆渥黄，因而形成黄叶、黄汤。分"黄芽茶""黄小茶""黄大茶"三类。

白茶，加工时不炒不揉，只将细嫩、叶背满茸毛的茶叶晒干或用文火烘干，而使白色茸毛完整地保留下来。

青茶（乌龙茶），是介于绿茶与红茶之间的一种茶类。因其叶片中间为绿色，叶缘呈红色，故有"绿叶红镶边"之称。

红茶，加工时不经杀青，而是萎凋，使鲜叶失去一部分水分，再揉搓成条或切成颗粒，然后发酵，使所含的茶多酚氧化，变成红色的化合物。这种化合物一部分溶于水，一部分不溶于水而积累在叶片中，从而形成红汤、红叶。

黑茶，原料粗老，加工时堆积发酵时间较长，使叶色呈暗褐色。黑茶原来主要销往边区，即藏、蒙、维吾尔族等地。

敢与洋货抗争的刘笃敬

刘笃敬（1848—1920），字缉臣，号筱渠，山西太平县（今襄汾）南高村人。1867年丁卯科优贡，1875年太原乡试中乙亥科举人。1920年病逝，终年73岁。刘氏家族各辈在清为官者不下20人。因家私颇富，财源甚广，素有"刘百万"之称。

刘笃敬出生在山西省太平县一个非常有影响的大家族，他在兄弟九人中排行第二。1867年，刘笃敬为丁卯科优贡，1875年太原乡试中乙亥科举人。此后曾三次进京应考进士，但皆名落孙山。在京期间，刘笃敬结识了后来被称为"戊戌六君子"之一的山西闻喜人杨深秀，两人志趣相投，来往甚密，并由杨深秀推荐任刑部主事。其父刘向经为清朝候补道，后因刘笃敬任刑部主事加员外郎衔，其父以子贵，加赠通奉大夫。

20世纪二三十年代，平阳帮的杰出代表就有襄汾刘家。据《太平县志》载，太平刘家在盛极时，家中庄园几乎占了整个南高村方圆百余亩地，刘家拥有深宅大院90多座，房屋1200多间，花园4处。土地仅河南南阳和山西汾城（1954年，汾城县与襄陵县合并后称襄汾县，汾城

县"降格"为汾城镇）一带就有2万多亩。刘家经营的工厂、矿山、盐山、钱庄、当铺、商店200多处，几乎遍布全国各大城市和华北中小城镇。

清朝同治、光绪年间，由于清政府的软弱腐败，西方列强利用与清政府签订的不平等条约，大肆向中国倾销洋货，山西各地的市场上的洋布、洋面、洋烟、洋油、洋火、洋线、洋纸、洋画、洋书等洋货充斥市场；洋商、洋号到处都是，因而国内各大城市的主要商品市场都洋货盈市，几乎被洋商垄断。山西商人的利益受到严重威胁，民族商业步履艰难，危在旦夕。

山西商人之所以受害最深，是因为山西距北京和天津很近，洋货迅速渗入，国货全面滞销。在这种洋货泛滥的关键时刻，是坐以待毙还是立起竞争是摆在中国商人、特别是山西商人面前的迫切问题。具有中国商人自强不息而又善于审时度势的大晋商刘笃敬，眼看民族商业日渐危机，他胸怀大志，知难而上，振臂而起，与洋商、洋货展开竞争，以力挽狂澜。

明末清初，山西铁、煤、矾、石炭、盐、瓷器、兵器的生产已具相当规模。当时小煤窑有92个，矿工2800多人。到清朝中期，太原成为全国的炼铁和硫磺生产基地。

1892年，洋务派山西巡抚胡聘之集资2万元，创立了山西第一个工业企业——太原火柴局。1898年，又相继开设了机器局、工艺局。同年，清廷又批准了胡聘之开发山西煤炭和铁矿的奏请。1894年，成立了"山西招商局"。1898年，受外资侵入的影响，成立了"太原机器局"，从事机械修理事务。

刘笃敬在杨深秀被清政府杀害后，不顾压力，亲自为杨深秀操办了丧事，并将灵柩运回山西闻喜安葬。1900年，刘笃敬结识了胡聘之，后被派赴日本神户考察工商业，四年后回国，在太原成立王封磺矿公司。1906年在冶峪开办庆成煤窑，继又开办永春煤窑。

1905年，刘笃敬任山西商会会长（商务局总办）。这一年，全国开始了轰轰烈烈的抵制洋货运动，纱布突然畅销，纱厂利润颇丰。刘笃敬利用商会会长身份，将原绛州纺纱厂全部接管过来，出赁给山西稷山县均和村薛见山经营。

1907年春，经晋籍京官赵国良等拟具章程，并举渠本翘为总理，王用霖为协理，呈请清政府农工商部奏准立案，一个属于山西省自己的、规模空前的民族资本煤炭企业——保晋公司就此成立了。后经清外务部出面调停，于1908年（清光绪三十四年）1月20日签订了《山西商务局与福公司议定赎回开矿制铁运转合同》十三条，用275万两白银将平定、盂县、潞安、泽州、平阳各矿产赎回自办。

同时，在胡聘之等人的支持下，在刘笃敬担任山西同蒲铁路有限公司总理期间，他从同蒲铁路款经费以及私立光华女子中学（现太原五一路小学，1907年创办）筹措白银3万两（合计20.9万银圆），1908年，在太原市南肖墙（现山西晋能公司院内）创办太原电灯公司，安装由蒸汽引擎带动的60千瓦直流发电机一部。这是山西第一座独立的公用发电厂。1914年，太原电灯公司在城内晋生路附设机器面粉厂，占地30亩。初期由刘笃敬独资经营，购置德式磨机一部，后又投资同类式制粉机两部及其配套设备，并从上海聘请了陈乾荣为技师，很快投入生产。该厂每袋面粉44.16斤，产品分为头、二、三，三个等级，并注册了红蓝"电灯牌"产品商标，使电灯和面粉工业结合在一起，成为工业动力用电之始。

■故事感悟

刘笃敬是一位勇于振兴民族工业、敢与洋货抗争的爱国实业家。他的产业之多、经营范围之广令人叹服。但是在积贫积弱的旧中国，求富之路格外艰难。像刘笃敬那样能在内忧外患下闯出一条路的人，实在太少了。

■史海撷英

情谊相随

刘笃敬在京与"戊戌六君子"之一的杨深秀过往甚密，推崇"中学为体，西学为用"的变法维新思想。庚子年后，回山西结识巡抚胡聘之，继而赴日本神户考察工商业。1907年任山西会会长（即商务局总办）；1908年兴办……电灯公司；1911年，接替渠本翘任保晋矿务公司总经理，修建同蒲铁路太原至榆次段时任总办。

刘笃敬颇重友谊，戊戌变法失败后，杨深秀牺牲，刘笃敬亲为其运送灵柩，办理殡葬，为人称道。

■文苑拾萃

天塔狮舞

山西襄汾县陶寺村是尧舜文化、中华文明的摇篮，也是中华五千年文明史的发起源头。这片热土物华天宝，人杰地灵，有深厚的文化底蕴和丰富的民间艺术，天塔狮舞就是其中一朵奇葩。

舞狮始于汉朝，广传民间，人们把它看成力量和勇气的象征，吉祥和幸福的化身。相传，陶寺舞狮起源于隋唐，历经宋元明清，经久不衰，已有千余年的历史，被称为"天塔狮舞"。

天塔狮舞具有惊、险、奇、绝、美的艺术特征。塔台高高耸立，动作大起大落，令人惊叹。表演过程内含科学的力学原理，加上安全的保护措施，看上去险实则无险。狮子眼、舌、尾活动自如，能做口吐条幅之类的表演，使人感到新奇。

天塔狮舞在力量中融入技巧，特技中渗透文化，堪称一绝。这种高台表演，空中造型优美，显示出动人的魅力。

第三篇
富贾不少爱国心

"红顶商人"胡雪岩办洋务

胡光墉（1823—1885），安徽绩溪人。因在杭州经商，寄居杭州，幼名顺官，字雪岩，著名徽商。初在杭州设银号，后入浙江巡抚幕，为清军筹运饷械，1866年协助左宗棠创办福州船政局，在左宗棠调任陕甘总督后，主持上海采运局局务，为左宗棠大借外债，筹供军饷和订购军火，又依仗湘军权势，在各省设立阜康银号二十余处，并经营中药、丝茶业务，操纵江浙商业，资金最高达2000万两白银以上。

胡雪岩是清代著名的大商人。他出身贫困，后经商致富，并与洋务派官僚左宗棠相交，得以为官。由于屡建功勋，被皇帝赏给二品顶戴，穿黄马褂。但他并未放弃经商，始终保持亦官亦商的身份，人称"红顶商人"。

胡雪岩作风慷慨大方，多次用巨资襄助义举。全国各地一有水旱灾害，他都会捐资救济，如直隶、甘肃、陕西、山东、山西、河南等省大灾，他曾捐输大量棉衣、大米、银两、制钱，合计银20万两左右。他还主办钱江义渡局，为此捐钱10万两，为杭州人往返钱塘江创造了方

便条件。他的这些善举，颇为时人称道。

洋务运动期间，胡雪岩协助左宗棠创办了福州船政局、甘肃制造总局，帮助左宗棠引进机器，用西洋新机器开凿泾河。在左宗棠率军对抗沙俄侵略的战争中，胡雪岩积极参与后勤支援，做出重大贡献。

左宗棠在新疆面对的阿古柏等敌手有英俄的支持，用的是来自英俄的武器。左军若没有洋枪洋炮，实在无法与之抗衡，所以，左宗棠急切盼望胡雪岩为他多采购新式西洋武器。胡雪岩对此事全力去办，不但广为采购，而且注意挑选最精良的武器，及时运送到前线。左宗棠对胡雪岩经办武器之事评价很高，赞他为速定新疆立了一大功。

除了军火外，筹饷是左宗棠西征最伤脑筋的事。当时朝廷无钱，决定由东南各省协济左军军饷，称作"协饷"，但东南各省大都赖着不给或少给。在这种情况下，左宗棠只得借助于胡雪岩，让他去借洋款。胡雪岩是一手经理左宗棠全军饷银筹措运解事项的人，他先是催领东南各省协饷，催不到只好去借洋债凑上。洋债未到手时也向华商借贷，总之务使军饷接济得上，让左宗棠可以专心西征。对胡雪岩的帮助，左宗棠十分感激，称赞他"功绩与前敌将领无殊"，与自己"万里同心"。

左宗棠在西北期间，胡雪岩还协助他办了一些洋务，以开发大西北。光绪三年（1877），左宗棠要在兰州创办甘肃织呢总局，他让胡雪岩去访求织呢机器，经胡雪岩在上海与德商泰来洋行接洽，订购了全套小型的毛织机器数十台。胡雪岩还雇了德国技师去安装机器和传授技术。因机器笨重，一路上开山辟路，直到光绪五年（1879）才运到兰州，第二年在兰州正式开工生产。从此，在中国内陆腹地诞生了第一家新式工厂。光绪六年（1880），左宗棠又让胡雪岩买一套开河机器，开凿泾河，以解决西北干旱问题。胡雪岩从德国人手里买了一套机器，并雇请了几位德国技师前去操纵机器，开凿出一条长100千米的正渠。在西北高原用机器开凿河渠，是中国历史上的一个创举。

胡雪岩尽心竭力辅佐左宗棠，立下了汗马功劳。左宗棠自然会多予酬劳，除了在购武器、买机器、借洋款中少不了他的好处外，在官衔上也尽力为他争取。使他的官衔越升越高，直至被朝廷授予二品顶戴，故众人称他为"红顶商人"。左宗棠还为他向朝廷请赏黄马褂。穿黄马褂是清朝官员们梦寐以求的荣耀，没有特殊功绩的人，皇帝是不会赏穿的。胡雪岩既戴上了红顶子，又穿上了黄马褂，可谓荣华富贵集于一身，在清朝时期没有哪个商人享有过他这样的殊荣。

胡雪岩的一生极具戏剧性。在几十年里，他由一个钱庄的伙计成为闻名于清朝朝野的红顶商人。他以"仁""义"二字作为经商的核心，善于随机应变，绝不投机取巧，使其生意蒸蒸日上；他富而不忘本，深谙钱财的真正价值，大行义举，在赢得美名的同时，也得到了心灵的满足；他经商不忘忧国，协助左宗棠西征，维护了祖国领土的完整；在救亡图强的洋务运动中，他也贡献了自己的一份力量，建立了卓越的功勋。

□故事感悟

"君子爱财，取之有道"是胡雪岩的商训。胡雪岩虽贵为红顶商人却极有商德，这一点通过他支持左宗棠抗击沙俄就可以看出。他时刻把国家的利益放在最前面，无论有什么困难都优先保障前线需要。在清末那乌烟瘴气的政治环境下，能做到这一点相当不容易。

民富才能国强，国强才能保障民富，作为一代富商，胡雪岩的思想和所作所为至今还在警醒和启发着世人。

"戒欺"

胡雪岩在杭州办了一个药店叫胡庆余堂，胡庆余堂里面的招牌、匾额很多，大都是朝外挂的，唯独有块横匾却是朝里挂着的，一般人难以发现。那就是面向耕心草堂悬挂的"戒欺"横匾。"戒欺"两个大字是胡雪岩亲自所写，"凡百贸易均着不得欺字，药业关系性命，尤为万不可欺。余存心济世，誓不以劣品弋取厚利，惟愿诸君心余之心，采办务真，修制务精，不至欺予以欺世人，是则造福冥冥，谓诸君之善为余谋也可，谓诸君之善自为谋亦可"。这是创始人胡雪岩对胡庆余堂经营者的谆谆告诫，是胡庆余堂制药的铁定规则，也是胡庆余堂称雄制药界的原因所在。

红顶商人

清朝同治年间，具有官员身份的杭州商人胡雪岩，因办理太平天国战乱后的杭州善后工作，并多次帮助左宗棠采购军火有功，官阶升迁至从二品的布政使。由于布政使的朝冠上饰有镂空珊瑚，俗称"红顶子"，同时在清一朝，商人而戴红顶子的几乎绝无仅有，因此胡雪岩被人们称为"红顶商人"。

后来，"红顶商人"被用来指称在官场和商场两面得意者。

爱国的"银行巨子"张嘉璈

张嘉璈（1889—1979），字公权，江苏宝山人。他出生在上海宝山县的一个大家庭。祖父是晚清时代的县官，父亲是当地有名的医生，家里拥有很多地产和文物收藏。张嘉璈10岁以前读私塾，之后进江南制造局的广方言馆学外语。他中过秀才，也读过北京高等工业学堂，1906年赴日本留学，在东京庆应大学攻读经济学，这为他进入金融界打下了基础。

张嘉璈出生于一个医生兼商人之家，年轻时赴日留学，回国后进入金融界。他曾长期负责中国银行的工作，建树颇多，对中国近代银行制度的建设起了重要作用，被誉为"银行巨子"。

1913年4月，张嘉璈作为浙江代表出席了北京政治会议，并经梁启超推荐任参议院秘书长。不久，因不满袁世凯强制参议院选举、解散国会等丑行，愤然离职，并决心放弃政治活动，转而致力于财政金融事业。此时，进步党人汤觉顿任中国银行总裁，他对留日攻读金融学的张嘉璈早有延揽之意，加之梁启超大力推荐，他便任命张嘉璈为中国银行上海分行副经理。从此，张嘉璈步入金融界，成为职业银行家。

在北京，张嘉璈目睹不兑现的纸币"京钞"不断增发与流通，以及中国银行为政府解决财政危机而一再垫款的情景，深感中国银行将面临严重危机，于是向梁启超提出了三项整理办法，作为复兴中国银行的基本条件。三项办法主要是：修改《中国银行则例》，使总裁、副总裁不随政局变化而更迭；限制银行对政府的垫款；整理京钞。这些提议得到梁启超同意后，张嘉璈即与后任总裁壬克敏商定具体整理措施，予以施行。

中国银行在张嘉璈的悉心主持下，经过十年整顿，信誉日渐提高，业务发展很快。到1926年，全行存款达3.28亿元，发行钞票1.37亿元，分别占全国25家主要华商银行存款总额和发行总额的35.1%和60%，成为名副其实的中国最大银行。

张嘉璈对于铁路建设一直颇为热心，早年在清政府邮传部供职时就已显露过这方面的兴趣，负责中国银行时又大力投资兴建铁路，兴趣不减当年。他出任铁道部部长后，决意振兴中国的铁路交通事业，立即做出了三年内修筑约6000千米新路的计划。1936年，铁道部发行2700万元公债，用以修筑浙赣路南昌至萍乡段，与萍乡株洲段相衔接。一个月后，铁道部又发行1.2亿元新铁路公债，修筑由株洲到贵阳的湘黔路。

除了向国内发行筑路公债外，张嘉璈也尽力引进外资，曾与中法工商银行签订成渝铁路借款，与中英银行公司签订沪杭甬铁路借款，还和德国有关方面谈判，要求供应修建浙赣、湘黔两路的设备。当他得悉英国有大量投资的意向时，马上拟定出1937—1941年五年筑路8000多千米的计划。到抗战爆发时为止，他先后主持借外债（材料借款除外）约3000万英镑，并促使中国银行界协助销售铁路建设公债7450万元。

抗日战争爆发后，张嘉璈首先领导铁道部修筑了湘桂路衡阳至桂林段，共完成300多千米，对抗战运输起了一定作用。1938年初，铁道部并入交通部，张嘉璈出任交通部长。他曾计划修筑西北铁路经新疆抵达苏联，以便于大后方从苏联取得物资援助，但因财力物力不足和苏方不予支援，未能实现。修建滇缅铁路的计划也半途而废。在他任职期间，最出色的成就是在激烈战争环境中建成了湘黔铁路。这条具有战略意义的224千米铁路一年内即告完成，在当时发挥了交通动脉的作用。

1943年1月，张嘉璈以健康不佳为由辞去交通部长一职，不久又被国民政府派往美国考察经济建设。他在美国出版了《中国铁路发展史》一书，回顾了中国铁路和铁路财政的历史，瞻望战后发展铁路事业的前景，意在以此引起国外财政金融界的注意。1944年10月，他出席了在美国召开的国际通商会议，会后与中国银行家陈光甫、李馥荪等同美国资本家进行了关于战后合办企业的商谈，筹建了中国投资公司，出任董事。中国投资公司从事发行公司证券，吸引外资流入中国，代美商办理在华放款等业务。

■故事感悟

张嘉璈出资筑路多条，支援抗战事业，运送抗战物资，为抗日救国做出了巨大贡献。他是一代富商，更是抗战背后的"支援团"。

■史海撷英

一生"河边走"，君子"不湿鞋"

张嘉璈一生从事银行和实业，到头来是两袖清风。1949年他到国外生活后，曾托朋友把他存在上海的藏书全部卖掉，把钱汇给他。在美国教书时，因学校离住所太远，于是想在学校附近买房子。但手头拮据，就与

在美国的好友贝祖贻商量借款。贝从不向朋友开口借钱，乃为之奔走凑了一个"会"，由陈光甫、李铭、贝淞荪、项康元、吴昆生等人，每人拿出1000美元，共计11000美元交给张嘉璈。

在他离开大陆之前，还发生过一件事。在国民党的一次立法会上，有人提出，为解决政府财政困难，要向宋子文、孔祥熙、张嘉璈征借10亿美金。其时，孔、宋富有，人人皆知，而张嘉璈在中行离职时，得到退职金16万元，当时他已负债6万元。张嘉璈得讯后，立即致函当时的行政院长何应钦："请派人彻查我之财产，如私产超过中国银行退职金数目以外，甘愿贡献国家。"

■文苑拾萃

有为家族

张嘉璈兄妹十二人（八男四女），个个自知发奋，有一半成了上海滩乃至现代中国的知名人士。大哥张嘉保，是上海棉花油厂的老板；二哥张嘉森，也曾留学日本，是国家社会党的创办人，曾任民主社会党中央主席，是民国时期颇为活跃的政治家；九弟张禹九，是20世纪30年代新月派诗人，还是著名的新月书店的老板，在海派文坛上挺有名气；八弟张嘉铸，是开发黄豆多种用途的先锋，任中国蔬菜公司的老板；二妹张嘉玢，即张幼仪，是中国第一家女子银行——中国女子商业储蓄银行的副总裁，还是南京路上著名的云裳服装店的老板，但她最为世人所称道的，她是徐志摩的第一位妻子，以贤惠和忠厚闻名；小妹妹张嘉蕊是服装设计师，知名的社会活动家。他本人则在中国现代金融史上留下了浓重一笔。所以上海金融圈的老人们只要提起张嘉璈，就会扯出一连串张家人的名字来。

"民国教父"宋耀如

宋耀如（1863—1918），海南文昌人。原名韩教准，字耀如。资产阶级民主革命先辈中一位杰出的先锋战士。他为了支持孙中山先生的革命事业，不惜倾尽家产，而且积极投身到伟大的民主革命洪流之中，为辛亥革命做出了重大贡献。他被称为"宋氏家族第一人"，他高尚的品格及鲜明的个性，熏陶和培养了宋氏三姐妹及宋子文、宋子良、宋子安三兄弟。

以"宋氏姐弟"闻名于世的宋家，在近代中国历史上是一个颇具传奇色彩的大家族。这一显赫家族的祖先并不姓宋，而是姓韩，宋耀如大名韩教准，成为舅舅的嗣子后改姓为宋。

宋耀如的英语教师是林肯总统的崇拜者，他不仅教授宋耀如英语，还带宋耀如参观了波士顿——这个打响美国独立战争第一枪地方的革命纪念地。年少的宋耀如在这里受到了民主思想的启蒙教育，并在内心逐渐萌生了祖国独立、民族革命的朦胧意识。

在教会学塾，宋耀如向学生们讲述美国的独立战争、林肯总统和他的有关民主与自由的主张，号召人们反对封建专制。宋耀如的言行不仅

得罪了清廷，也为美国监理会所不容。林乐知为此对宋耀如进行了种种刁难与限制，每月给宋耀如的薪水不足以维持生活。1892年，宋耀如剪掉了为利于传教而留起的辫子，辞去布道团的职务，转而经商，但仍是传播福音的基督教牧师。

为了做一些自己想做的、有利于国家和民众的事，宋耀如同时出任了几家洋行的买办。因为头脑灵活，很快就腰缠万贯。他还大量翻印西学书刊，介绍西学。

宋耀如热心传教和实业，同时也向往革命，结识了不少革命志士。1894年，经朋友的介绍，宋耀如在上海结识了正取道上海准备北上天津上书李鸿章的孙中山，二人一见如故。孙中山从天津回到上海后，宋耀如联系中文版《万国公报》编辑部，把孙中山的上李鸿章书改成短论形式，在《万国公报》第九、十号上发表。这期间，孙中山、陆皓东和宋耀如三人在宋耀如家里"屡作终夕谈"。宋耀如与孙中山等革命志士还经常聚集在宋耀如的印刷厂里通宵达旦地交换有关革命问题的意见。对清廷专制统治的不满，对西方民主与富强之学的崇尚，使二人很快结为密友，孙中山成了宋耀如家中的常客。

宋耀如尽其所能地支持孙中山。他曾多次冒着被砍头的危险，在他的华美印书馆以印刷中文《圣经》为掩护，秘密印刷反清和传播革命思想的宣传品。在孙中山的早期革命活动中，宋耀如的捐助曾在较长时期内成为其重要的经费来源。

孙中山领导的资产阶级革命曾屡遭挫折，但宋耀如始终相信他、支持他。孙中山十分感慨宋耀如20年来不变的革命信念，他在《致李晓生函》中说：宋耀如乃"20年前曾与陆烈士皓东及弟初谈革命者，20年来始终不变……"

孙中山担任铁路总监后，宋耀如也去铁路系统任职，宋霭龄则任孙中山的秘书。孙中山计划第一步要在10年内修筑20万里的铁路，宋耀如与女儿宋霭龄随同孙中山一起坐火车到全国各地周游勘察，制定规划。

1913年2月，宋耀如随孙中山赴日本考察铁路事业。不久，孙中山领导的"二次革命"失败，在北洋政府的大肆追捕下，孙中山于8月逃亡到了日本。随后，宋耀如也被迫举家避难日本，先在东京，后在横滨租赁了一幢别墅式的寓所。1914年，宋耀如夫妇率儿女回到上海。当时，像宋家这样举家与革命发生直接或间接关系的，实属凤毛麟角。

■故事感悟

宋耀如一生追随孙中山，他多次冒着砍头的危险支持孙中山的革命事业。他是一个商人，更是一个爱国爱民的"革命家"。

■史海撷英

宋氏三姐妹

20世纪的中国，群星闪耀。宋霭龄、宋庆龄、宋美龄，史称"宋氏三姐妹"，可谓是这个世纪的璀璨明星。在那个特殊的历史舞台上，"宋氏三姐妹"随同她们的丈夫，以个人的突出才华和贡献影响了中国历史，同时也影响了世界历史，对中国妇女的解放事业做出了突出贡献。尤其值得称颂的是，"宋氏三姐妹"作为女性而言，她们出生伊始便走在时代前列，在多方面开创了"中国第一"，并在此后为推动中国妇女解放运动做出了不同程度的贡献。

1914年9月，宋霭龄与孔祥熙结婚。

1915年10月，宋庆龄与孙中山结婚。

1927年12月，宋美龄在上海同蒋介石结婚。

抗日救国侨商梁金山

梁金山（1884—1977），云南省保山市隆阳区人。1903年赴缅经商。1931年积极投身于抗日运动，领导旅缅华侨开展抵制日货的斗争。1935年，在怒江——东方大峡谷修建了中国最早的钢索吊桥——惠通桥。1937年7月7日"卢沟桥事变"后，梁金山先生在缅甸组织领导了"缅甸华侨抗敌后援会"和"中华民国缅甸救国联合会"宣传抗日。

1935年，中国最早的钢索吊桥在怒江建成，这便是被称为"抗日功勋桥"的惠通桥。从1938年12月至1942年5月，共有45万余吨的国际援华物资通过惠通桥运往后方。捐款修筑惠通桥的便是爱国华侨实业家梁金山。

1884年，梁金山出生在一个贫苦的农民家里。他幼年丧父，家中一直依靠母亲割卖马草为生。后来，梁金山听说去缅甸容易赚钱，他便辞掉赶马工作，徒步来到了缅甸腊戌。在这期间，他做过道班工人、码头搬运工、炼油工等，之后通过与英方合资办银厂积累财富。

经过多年发展，40岁的梁金山已成为缅甸华侨巨富。

英国女王对梁金山的远见卓识十分佩服，曾在白金汉宫召见他，称赞他"毅力感天，智慧通神，预见成真"，奖赏他左轮手枪一对，猎枪一支，大银刀一把。

"九·一八"事变后，国难当头，梁金山积极投身于抗日救亡运动，领导旅缅华侨开展抵制日货的斗争。要连接怒江东西岸的保山和龙陵，必须在怒江上修筑桥梁。当时估计需要30万卢比，而政府只拿得出10万左右。为筹集修桥经费，梁金山把两个商号和一个公司降价出卖，聘请美国工程师设计大桥，而后赶修腊戌至南坎的公路。又将建桥器材用火车由仰光运到腊戌，用汽车将庞大的铁件、粗长的钢缆和重型机械运至南坎，再组织骡马硬拉强拽弄到怒江边的建桥工地。在梁金山的全力支持下，一座全长123米、宽6米的铜缆吊桥——惠通桥建成了，该桥成为中国抗战生命线——滇缅公路上的重要桥梁。

1942年，为阻止日军进犯，惠通桥被炸断。听到这个消息，梁金山老泪纵横，但他深明大义说："现在不得已炸断了，我相信，抗战胜利，惠通桥是要修复的。"1944年，随着滇西大反攻的胜利，惠通桥果然重新修复，再次担负起抗战运输大动脉的重任。

身为缅甸华侨总会会长的梁金山，组织领导了"缅甸华侨抗敌后援会"和"中华民国缅甸救国联合会"，宣传抗日。在上海保卫战中，梁金山捐助蔡廷锴将军部白银4000两。"卢沟桥事变"后，他捐给保卫古北口宋哲元将军所带领的部队白银5000两，又捐卡车80辆、飞机一架给国家，并坚持每月捐100盾卢比直至抗战胜利。当时国民政府分派给云南的救国公债，他一个人就购买了一多半。

1942年，日军大举南侵，缅甸告急。梁金山无偿动用自己公司的120辆卡车，并雇用了80辆其他公司的车辆，昼夜抢运积压在仰光的10万吨国际援华物资。为了支援抗战，挽救国家危亡，梁金山倾家散财，

辛劳奔波，被国民党中央授予"模范党员"的称号。

日军得知梁金山积极抗日，又是华侨领袖，把他列为捕获对象，妄图利用他的声望和资产征服缅甸，进攻云南。于是，梁金山舍弃在缅甸辛苦经营了几十年的全部家产，日夜兼程回到祖国。

中华人民共和国成立后，金山先生于20世纪50年代初返回国内居住，此时的他已年近七旬。在得知保山将修建"保腾公路"后，他又以极大的热情为筑路而奔波，帮助保腾公路于1953年4月全线竣工。

梁金山晚年时有人问他："你为抗日战争捐过多少钱？"他铮然回答："你我都是华夏儿女，国家兴亡，匹夫有责，为了永葆祖国和人民安宁幸福，你我应该把一切献给祖国，出于一片真诚，从来也不记账啊！"

■故事感悟

一句"国家兴亡，匹夫有责"，足以看出梁金山为了祖国肝脑涂地的决心。他以自己身为华夏儿女而自豪，以为国家贡献一切而坦然。在他心中，国家高于一切，金钱是无法衡量的。这是何等的慷慨大义！

■史海撷英

七七事变

"七七事变"，又称"卢沟桥事变""七七卢沟桥事变"，是1937年7月7日发生在中国北平的卢沟桥（亦称卢沟桥）的中日军事冲突。

1937年7月7日晚10时，日军在距北平（今北京）十余千米的卢沟桥（西方称作马可·波罗桥）附近进行军事演习。日军称有一名士兵失踪，要求进入桥边的宛平县城搜查，遭到拒绝后，就向宛平县城和卢沟桥开枪开炮。7月8日早晨，日军包围了宛平县城，并向卢沟桥中国驻军发起进攻。

"七七事变"是日本帝国主义为实现鲸吞中国的野心而蓄意制造出的事件，是全面侵华的开始。

■ 文苑拾萃

怒 江

怒江是中国西南地区的大河之一，又称潞江，上游藏语叫"那曲河"，发源于青藏高原的唐古拉山南麓的吉热拍格。

怒江深入青藏高原内部，由怒江第一湾西北向东南斜贯西藏东部的平浅谷地，入云南省折向南流，经怒江傈僳族自治州、保山市和德宏傣族景颇族自治州，流入缅甸后改称萨尔温江，最后注入印度洋的安达曼海。从河源至入海口全长3240千米，中国部分2013千米，云南段长650千米；总流域面积32.5万平方千米，中国部分13.78万平方千米；径流总量约700亿立方米，省内流域面积3.35万平方千米，占云南省面积的8.7%。上游除高大雪峰外山势平缓，河谷平浅，湖沼广布；中游处横断山区，山高谷深，水流湍急。两岸支流大多垂直入江，干支流构成羽状水系。水量以雨水补给为主，大部分集中在夏季，常年变化不大，水力资源丰富。

慈善爱国实业家刘子如

刘子如（1870—1948），重庆巨商、著名企业家、慈善家和爱国知名人士。

刘子如从小聪明好学，锐意钻研，在上海胜家公司工作期间学会了缝纫的整套技术，公司派其回渝开辟市场，他将一座小寺庙改造成经营胜家公司缝纫机的门店（后迁道门口），自任经理。经过不懈努力，他将公司发展成规模巨大的总公司，在西南各省开设分公司数十家，他成为重庆地区巨商之一。

刘子如13岁成了无依无靠的孤儿，目不识丁；而立之年，他拥有数十家公司，富甲一方；44岁时，他创办孤儿院，救助了江竹筠等数千名学生；67岁时，他带领百余名热血青年投身于抗日洪流，被敌炮炸伤仍不下火线……

他一生极富传奇色彩，是曾经名噪中国的实业家、慈善家和爱国人士。

1915年，日本向中国提出"二十一条"不平等条约，刘子如愤而起誓："何日与日开战，我刘子如立即奔赴战场！"

1937年抗日战争爆发，上海市组织"上海东北义勇军后援会"支援抗战。此时已67岁的刘子如闻讯即从上海回川，会同温少鹤、何鲁、何北衡、康心如等社会名流，组织重庆市后援会。正进行间，热河失守、平津告急，形势险恶。他立即与全国救国组织联合，在重庆成立了"中华民国抗日同胞四川重庆后援会"，向全社会发出救国宣言，称"热河失陷后，使我们惊心动魄，东北各地抗日同胞只凭血肉之躯，与日寇的最新武器、毒瓦斯相搏，牺牲人数不知多少，使人痛泣，亡国灭种，迫在眉睫。亲爱的四川同胞也一定不能坐视……我们要自信，中华民族绝不可能被日寇灭亡。我们不能听天由命，要聚集一切人力、物力、财力，紧急动员起来……"

刘子如到处奔走募捐，发表演讲，宣传全民族抗日，掀起广大群众的爱国热潮。

刘子如67岁高龄时，在"先国后家"的思想指导下，为了实现早年日本逼迫签订"二十一条"不平等条约时立下的"何时与日开战，我刘子如立即上战场"的誓言，即向政府请缨抗敌，决定亲上前线。经政府批准后，他立即行动，以"重庆市抗敌后援会战地服务团"团长名义，组织130多名青年团员，进行为期三个月的普通军事知识、医务救护训练后，紧跟第一批出川部队奔赴前线。出发前，他将自捐及募集的四十余万件慰问品集中在重庆市总商会公开展览，并召开誓师大会。会上民情激愤，数百名搬运工人同仇敌忾，自动免费将全部慰问品运至朝天门码头上船。1937年12月初，刘子如率全体团员，带着重庆市各界爱国人士、家乡父老的嘱托，在凛冽寒风中引舟东下。67岁的刘子如率领130人的慰问团从重庆出发，顺江而下到汉口、九江、南京等抗日前线慰问抗日将士，全力以赴支援抗战。

慰问团抵达汉口时，南京失守，全团悲愤至极。头上子弹"嗖嗖"

作响，眼前大炮燃起的大火炙热烤人。

他们到达九江时，已是一座空城，慰问医院伤兵后，转南昌慰问各军旅战士。所幸此地还有老百姓，遂按营按连送去60余头活猪及慰问品，举办了多种多样的文娱活动，使前线官兵倍感亲切，士气大振。他们从景德镇进入皖南前线后，慰问活动更为紧张，对国共两党协同作战的前方将士进行了亲切慰问、鼓励。经四个多月的战地奔劳，刘子如在前沿阵地抢运伤员时被敌炮炸伤，仍坚持不下火线，与青年团员们滚打在一起，受到团员们深深的爱戴。

他在前线留下许多可歌可泣和感人肺腑的事迹，这些事迹感动了新四军军长陈毅，遂题赠大幅照片给他："送给站在抗日最前线的刘老团长留念。"国民政府军事委员会以委员长蒋中正之名，特为刘子如颁发"服务前线，卓著成绩"的褒奖状。后来，他被重庆市政府评为重庆市的"历史名人"。

刘子如在前线三年，为了减免国家负担，不收公家分文报酬，自费开销。1940年底，刘子如已届七旬，因家事返川。

1948年，刘子如在故乡逝世，家属遵其遗嘱，给他穿两件布衫，薄棺入殓。如今，重庆市万盛区修建了子如广场、子如纪念碑、子如亭，以此纪念。

■故事感悟

刘子如是著名富商、爱国企业家、慈善家。他一生勤劳节俭，正是中华民族美好品德的表现。同时，危难之际，他心系家国，奔赴战场。他无愧于祖国，无愧于"服务前线，卓著成绩"的褒奖。他为抗战事业做出的不朽贡献，永远值得后人盛赞。

"二十一条"的历史背景

1914年,第一次世界大战爆发。中国提出德国直接将山东权益交还被拒,于是决定保持中立。当时美国注意力已转移至欧洲,而英国则希望日本能成为其在远东盟友。于是,日本在8月对德宣战,出兵占领了德国在中国的势力范围——山东半岛。1915年,日本向中国提出"二十一条"要求,意欲独占中国的权益。

1915年1月18日,日本驻华公使日置益晋见袁世凯,递交了"二十一条"要求的文件,并要求袁政府"绝对保密,尽速答复"。此后,日本帝国主义以威胁利诱的手段,历时五个月交涉,迫使袁世凯政府签订企图把中国的领土、政治、军事及财政等都置于日本的控制之下的"二十一条"无理要求,这些条款也称中日"二十一条"。

第四篇
热心公益回馈社会

"五金大王" 叶澄衷

叶澄衷（1840—1899），字成忠。清末实业家。原籍浙江慈溪，生于镇海。

叶澄衷少时因家贫辍学，到油坊学徒。1854年（咸丰四年）到上海，在杂货店当店员。后来驾舢板往来黄浦江面，供应外轮所需物品，粗通英语，结识一些外国人，在商贩中获利独厚。1862年在虹口开设老顺记商号，经销五金零件。他经营有方，不到数年总号移于百老汇，并在长江中下游各商埠遍设分号，遂成巨富。

叶澄衷从一个摆地摊的小贩，到上海的"五金大王"，从一个贫农的儿子成为腰缠万贯的工商巨子，其本身就是近代中国民族工商业发展艰难历程的缩影，难怪宁波人都说："学人要学叶澄衷！"

叶澄衷既是近代中国著名的实业家，也是善举不断的慈善家。

一百多年前的中国贫穷落后，清朝政府腐败无能。叶澄衷早早辍学，小小年纪咬牙坚持了三年不堪回首的帮工生涯，于1853年只身闯入上海滩。叶澄衷到上海后，先是在一家小成衣铺干了半年杂役，后来

又在法租界的一家杂货铺当学徒。此外，还练就了一口洋泾浜英语。

三年之后，17岁的叶澄衷终于有了一点积蓄，决心离开杂货铺独自经营。起初数年，他仍然驾着小扁舟在黄浦江上叫卖杂货，虽属小本经营，但也年有盈余。脑瓜灵活的叶澄衷还经常以各种食品和杂货，在外国商船上换回一些五金工具和零件，然后临时设摊售卖，赢利愈见可观。这就是叶澄衷事业的起点，也是他走向成功的基石。

叶澄衷成巨富名流后，热心社会公益与慈善事业，被称为"能积财而又能散财"的慈善家。他在家乡和上海设立慈善救济机构，多次出资赈济浙、鲁、豫、直等省灾区，清政府以"乐善好施""勇于为善"的匾额嘉奖他，并捐得候选道员加二品顶戴。1899年他重病中，又斥巨资筹建澄衷蒙学堂，寄托自己教育兴国的梦想。叶澄衷病逝后，留下最珍贵的两笔财富就是分别在上海和宁波捐建的两所学校。

在著名的侨乡宁波镇海庄市，新中国成立前有所"中兴小学"，为当时全县四大名校之首，它就是由中国近代宁波帮先驱叶澄衷创办的。命名中兴，有着深刻的含义，它不仅受孙中山革命活动"驱除鞑虏，恢复中华"的爱国思想影响，更是反映了叶澄衷为中华复兴的办学理念。因此，"中兴"校名一开始就包含了爱国主义内涵。

晚年的叶澄衷亲眼看到虹口这些穷人家的孩子缺少教育的状况，又联想到自己从小失学艰苦创业的身世，无限感慨……他想，人生一世，草木一秋，转眼已到了花甲之年，再多的财富也是生不带来，死不带去，应该聚财有方，散财有道，做些有意义的事情。

1899年，叶澄衷拨银10万两，并聘请了六位校董，樊时勋负责筹建，以每亩200元左右的地价，在虹口张家浜购得土地18亩9分，由余记承包营造校舍。10月，校舍尚未建成，叶氏病危。后来，他的长子叶贻鉴又捐银10万两，终于建成学校，定名为"澄衷蒙学堂"，于1900

年4月16日建成开学。清廷光绪皇帝为该校御笔题词"启蒙种德"。澄衷蒙学堂落成时，在大礼堂两侧悬挂着根据叶澄衷遗言撰成的一副楹联，左联为"昔以幼孤，旅寓申江，自伤老大无成，有类夜行思秉烛"；右联为"今为童蒙，特开讲舍，所望髫年志学，一般努力惜分阴"。

"澄衷蒙学堂"是上海第一所由中国人自己出资创办的班级授课制的新式学校，是拥有初小、高小的完全小学，成为上海市创立最早、声名最盛的民办学校之一。百年"澄衷"，历来重视教学质量。首任校长刘维屏，武进人，翰林出身。学校聘请了著名教育家蔡元培为总教习，相当于现在的教导主任。1902年，刘维屏出任安徽观察使而离任，由蔡元培代理校长。

澄衷建校百年以来，培养的学生超过4万，涌现了一大批社会精英，其中有著名学者胡适、夏衍、袁牧之、倪征奥等，院士竺可桢、陈通培、俞梦生、乐嘉陵等以及著名企业家李达三等。如今，澄衷高级中学成为上海市虹口区的重点中学。

■ 故事感悟

叶澄衷是从摆地摊到成为上海五金大王的传奇人物。虽贵为富商，他却不恣意挥霍家财，而是"用之有道"。他把生命中的大部分财富都用于教育事业，用一生去践行"教育树人"的思想，并将这种精神之火传递给自己的孩子，这种伟大的精神让人佩服。

■ 史海撷英

"小舢板"拾巨金物归原主

1843年，上海滩大小报刊都报道了一则"'小舢板'拾巨金物归原主"的新闻，而拾巨资的孩子就是17岁的叶澄衷。那时，黄浦江是外商船只的

停泊中心，周围很多小贩都靠划小舢板为生，叶澄衷就是其中一个。一日，一位微醉的英国洋行经理把公文包遗失在他乘坐的舢板上。包中除了重要的生意单据，还有数千美金和英镑的钞票。当时叶澄衷为了学习英文积攒许久的学费只有一元钱，可知这笔财富对于他是多么巨大。但他耐心地等了一下午，将公文包还给了失主，并拒绝了他的巨额酬谢。

叶澄衷见财不贪，换得了洋行经理一个改变叶澄衷一生的可贵建议——由其公司提供小五金供叶澄衷的小舢板代销，等货物卖出去后再付款。洋行经理很快发现叶澄衷在商业上也是难得的人才，于是资助叶澄衷在虹口的美租界百老汇路口开设了上海滩第一家由中国人独自开业的五金店——顺记洋杂货店。

□ 文苑拾萃

题澄衷学堂

"昔以孤幼旅寓申江，自伤老大无成，有类夜行须炳烛；
今为童蒙特开讲舍，所望髫年志学，一般努力惜分阴。"
这是刘葆良代叶澄衷题澄衷学堂（今上海市虹口区澄衷中学）的一副对联。全联旨在勉励孩童发奋求学，珍惜光阴。上联介绍创办人历史，下联讲办学主旨。开设学堂，希望少年学子以此为鉴，珍惜光阴，耽思好学，无愧前人。

抗倭徽商阮弼

阮弼（生卒年不详），字良臣，号长公。明代嘉靖、万历年间徽州歙县岩镇人。家道殷实。明代嘉靖年间，变卖全部家产，来到芜湖，经营浆染业，店号"芜湖巨店"。

阮弼是明嘉靖年间的徽州富商。祖上本为富豪，但因为他的父亲乐善好施，凡有求助者，都会竭尽全力给予帮助。到阮弼时，资财散尽，家业已经衰落。因此，阮弼离开家乡四处游动经商。后来经营纸业发家。

阮弼继承了祖上家风，乐善好施，扶贫济困，对年轻人尤热心扶助。有适合做儒生的，他就出钱资助读书；适合经商的，他就以自己的从商经验指点引导；能离开父母自谋生计的，他就借贷资本使其得以经营各业，只收取少量利息。如此一来，阮弼的吉名大振，乡邻遇事不分大小都愿请他拿主意，或求得其帮助，或调节争讼。他一出言，几乎没有不听从的，有为钱财争执不下的，他就宁肯自出百金平息事端。

嘉靖三十四年（1555年），倭寇自浙江沿海而来，准备进攻芜湖。

芜湖城防薄弱，守军力量差，一时手足无措。阮弼主动站出来，组织身强体壮的年轻商贾及当地壮丁数千人进行战备训练，并制定了周密的御敌计划。他当众发誓，不赶走倭寇决不罢休！倭寇得知芜湖民众已有充分准备，不敢贸然入侵，悄悄退走。事后，芜湖地方官欲上奏朝廷，为阮弼请功。阮弼推辞说："我是一个商人，何敢居此功。日后如倭寇再来侵扰，可以依靠众商之力以加强抵御，我这次就算做个榜样吧！"

几年之后，又有一伙盗贼抢劫了芜湖城的仓库。地方官员商议如何筑高城墙以防盗贼，他们希望阮弼能带头捐资筑城。阮弼毫不犹豫地同意了，捐出大笔款项，并号召众商也捐资出力。商人们纷纷响应，城墙如期筑就，既高且固。官员们又想表彰阮弼，他再次辞谢。此外，阮弼还出钱帮助整修了从芜湖到南陵的险峻而泥泞的道路，使之平坦易行，极大地方便了过往行人。

阮弼晚年尊崇佛道，曾捐资在山上修寺观，饰神像。他本人更以慈悲为怀，务求积德行善。遇饥荒之年他舍米施粥；有穷人饿死，他为之买棺木安葬。瘟疫流行时，族人有染病者，同行之人怕传染都躲开了，阮弼则亲自送饭送药，帮助照料。有向他借钱久不归还，他也不索要。曾有一老妪以私房钱偷偷请阮弼放债生息，她病故后，阮弼将利息悉数送给她的儿子。对方不知有此事，以为是长公托辞关照他，力辞不受。阮弼说明了缘由，对方感动得叩头称谢。

□故事感悟

阮弼继承家族遗风，乐善好施，扶贫济困。他是显赫一时的徽州富商，他帮助明朝政府抗击倭寇，救助灾民于水火。他将以财助人、乐善好施的美好品德发扬光大。

芜湖浆染业历史

芜湖早在春秋隶属吴国，历史上有"吴头楚尾"之称。早期文化是吴文化，后期随着徽州文化和金陵文化的兴起，芜湖作为南京腹地受到三种文化的同时冲击。芜湖位于青弋江与长江汇合处，交通便利，是长江沿岸的重要港口。明末，松江出产的棉布行销全国，其中芜湖乃一重要交通枢纽。芜湖因之布商麇集，舟车负载，商业异常繁荣。贩经芜湖的棉布多在此地浆染加工。芜湖浆染业技术精良，历史悠久。此地曾浆染过一种发青光的棉布，为中外珍爱。至明朝，又染出一种毛青布，红焰之色隐然，也是一时佳品。

明朝时期，商品经济的发展还表现在工商业城镇的兴起。除去南北两京外，在江南地区已经形成五大手工业区域，即松江的棉纺织业、苏杭二州的丝织业、芜湖的浆染业、铅山的造纸业和景德镇的制瓷业。芜湖的浆染等手工业闻名遐迩，明代宋应星所著《天工开物》中就有"织造尚淞江（上海），浆染尚芜湖"之说，说明芜湖的工艺和以上海为龙头的长三角优势互补，形成号称"芜湖巨店"的大型浆染工场。芜湖是中国资本主义萌芽的重要地区之一。

徽 州

徽州不止是一个地理概念，更是一个文化概念，是中国三大地域显学之一。

徽州，追本溯源，这里曾先后设新都郡、新安郡、歙州等，宋徽宗宣和三年（1121 年），改歙州为徽州，历元、明、清三代，统"一府六县"

（徽州府：歙县、休宁、婺源、祁门、黟县、绩溪，除婺源今属江西省外，其余今皆属安徽省）行政版属相对稳定。1988 年 7 月，地级黄山市正式成立，辖三区（屯溪区、徽州区、黄山区）四县（歙县、休宁、黟县、祁门县）和黄山风景区，总面积约 9807 平方千米，总人口约 147 万。

徽州地区是历史上中国经济文化重地，安徽省名中的"徽"字就是由徽州而来。

古徽州是徽商的发祥地，明清时期徽商称雄中国商界三百多年，有"无徽不成镇""徽商遍天下"之说。以徽商、徽剧、徽菜、徽雕和新安理学、新安医学、新安画派、徽派篆刻、徽派建筑、徽派盆景等文化流派构成的徽学，更是博大精深。

"万金油大王" 胡文虎热心慈善

胡文虎（1882—1954），南洋著名华侨企业家、报业家和慈善家，被称为南洋华侨传奇人物。他从继承父亲在仰光的一家中药店开始，后来在制药方面崭露头角，以虎标万金油等成药致富，号称"万金油大王"。他没有受过高深教育，也不以知识分子自居，却独资创办了十几家中、英文报纸，一度享有"报业巨子"的称号。他发家后，自倡"以大众之财，还诸大众"的宏论，热心于兴办慈善事业和赞助文化教育事业，因而也是有名的"大慈善家"。

胡文虎因发售"虎标良药"致富，所以他兴办慈善事业，也以捐资于医药方面为最多，以创建医院、造福贫病为急务。他创办的医院，以1931年落成的南京中央医院最为著名。该院由胡文虎独资捐献国币37.5万元而建成，为宏伟的四层大楼，至今仍矗立于南京中山东路。

1933年至1934年，胡文虎又先后捐款60万元兴建汕头医院、厦门中山医院、福州福建省立医院（三院各20万元）。总计在国内外独资创办或捐助的医院、麻风医院、接生院（妇产医院）、安老院（养老院）、孤儿院约40所。此外，还捐款办了收容流浪儿童的上海儿童教养所、

广州儿童新村等。

抗日战争期间，胡文虎曾致函重庆国民政府，决定在抗战胜利后修建县级医院100所，并汇款1000万元（当时估计大县建一所医院需10万元，小县需5万元，共需款1000万元），分别存入当时的中央、中国、交通、农民四家银行。抗战胜利后，由于国民党统治区通货膨胀，币值一贬再贬，这笔建造百所医院的巨款最后只剩下几张"金圆券"，因而计划也告吹了。

胡文虎自称对政治无兴趣，热心于文化教育和医药慈善事业。他在海外兴学，主要集中在新加坡，最著名的是1935年独资创办新加坡民众义务学校。该校分上午、下午、夜校、女子部等四部，学生一千六百多名，为当时南洋唯一设备完善的义务学校，惠及广大华侨贫寒子弟。1938年春，他大力支持新加坡中正中学的创办，并出任该校董事长，为新加坡华文教育的发展做出了重大贡献。

早在1928年，胡文虎曾任新加坡南洋华侨中学总理，捐资数万元。对其他学校，如南洋女校、崇正学校、养正学校、静方女校、南华女校以及美以美会女校、圣约瑟实业学校等，也都或捐设备或助经费。此外，北马槟榔屿的钟灵中学、马六甲的培风学校以及霹雳、麻坡等地的学校也都得到过他的捐助。

胡文虎本着"畛域不分，一视同仁"的原则，对各帮所办的华文学校，采取"凡有请求，辄不悛拒"的态度，都酌情予以赞助。胡文虎在国内先后捐助过上海大厦大学、广东中山大学、岭南大学、福州福建学院、厦门大学以及广州仲恺农工学校、上海两江女子体育专门学校、汕头市立第一中学、市立女子中学、私立迥澜中学、海口琼崖中学、厦门大同中学、厦门中学、双十中学、中华中学、群惠中学等院校。在上述院校中，建有诸如"虎豹堂""虎豹楼""虎豹图书馆""虎豹体育馆""文虎科学馆"以及"虎豹亭"之类纪念性建筑物。

胡文虎对体育运动怀有浓厚兴趣，曾出任香港中华体育会名誉会长，宣传体育运动，不遗余力。20年代至30年代，他在新加坡多次倡议组织"新加坡中华体育会""星洲华侨体育总会"，但由于种种原因，未能成功。平时，各地体育团体和各类球队来新加坡参加比赛，他无不热情招待，提供便利。如1928年至1929年，上海暨南大学足球队和复旦大学足球队先后远征海外，他都安顿于其私人别墅下榻，并设宴招待。至于篮球赛、羽毛球公开赛，甚至武术竞赛，他多亲临观看，并赠奖杯、银盾等，以资鼓励。1935年秋，上海举办第六届全国运动大会，胡文虎除赞助2.3万元外，还亲自率领马华选手回国参加竞赛。

除了赞助体育团体的建设和活动经费外，他也独资修建体育设施，如新加坡的虎豹游泳场（1931年开幕）、海南岛海口白沙游泳场（1936年开幕）、福州体育场（1936年竣工）等。对于当地开展体育运动，胡文虎功不可没。

胡文虎对家乡故土怀有深厚的感情，始终关心着祖国的建设。早在20世纪30年代，他就出资8万元修筑闽西公路，并投资港币20万元兴办福州自来水公司。1933年蒋光鼐主持闽政务时，致力于地方的改革与建设，组织"福建省建设委员会"，胡文虎应聘为该委员会委员，在医药卫生方面积极提供意见，并在《星洲日报》发行"新福建"专刊，借以推动福建省建设计划的实施。

抗战胜利后，为了建设家乡，胡文虎于1946年秋在新加坡发起组织"福建经济建设服务有限公司"，亲自担任筹备委员会主任，准备经营金融、交通、工业、矿产以及茶叶、水果等土特产。

广东解放后，胡文虎曾两次以私人名义给广州市市长叶剑英写信，表示愿意为广州儿童教养院捐港币13万元，修建礼堂一座；为贫困同胞

捐救济米2万斤；并认购折实胜利公债2万份。

由于胡文虎慷慨捐助慈善事业，1950年，英皇特授予他圣约翰救伤队爵士勋位。香港大学也于1951年初设立"胡文虎妇产科病系奖学金"。他晚年在香港庆寿时，常常施舍食品、日用品或赠送现金，济助穷苦老人和孤儿。

■故事感悟

胡文虎被称为"万金油大王"，足以看出其财富深厚。他一生都热心慈善事业，捐资助学、建设家乡、支援抗战，捐助的孤儿院、养老院不计其数。他不仅是商人，还是一位热心的慈善家，他把自己的财富贡献给了更伟大的事业。"富而有仁"是中华民族的传统美德，而胡文虎正是用行动践行着这种精神。

■史海撷英

胡文虎支援抗战

1931年"九·一八"事变后，海外华侨爱国热情空前高涨，出钱出力，从各方面声援祖国。胡文虎首捐2.5万元支援东北抗日义勇军。1932年"一·二八"淞沪抗战爆发，十九路军浴血奋战，海外华侨深受鼓舞。胡文虎闻讯后，立即从银行电汇国币1万元给中国红十字会，作为前线救伤之用。2月下旬，又电汇1万元直接给十九路军的蔡廷锴，并捐赠大批"虎标良药"和其他药品。到1937年"七七卢沟桥事变"后，胡文虎除捐助大批药品、物资外，又出钱组织华侨救护队，直接回国参加抢救伤兵工作。他及时将储存在香港永安堂的一批价值八千多元的纱布急运上海，支援宋庆龄、何香凝组织的抗日救护队。另外，又先后捐赠救护车多辆给中国红十字会总会和福建省政府。他先后义捐（包括认购"抗日救国公债"）总数超过300万元。

虎豹别墅

虎豹别墅，又称万金油花园，世界上共有三栋，均在亚洲。第一座位于中国香港，第二座位于新加坡，第三座位于福建省。它们均是著名商人胡文虎先生出资建造，并开放给民众参观。

香港的虎豹别墅位于香港岛大坑的大坑道，邻近励德邨的住宅大厦群落，属于世界上第一座虎豹别墅。

新加坡虎豹别墅是一座世界闻名的公园式别墅，也是世界上唯一中国风格的大型游乐园地，位于新加坡风景优美的巴西班让，是新加坡著名的三大旅游胜地之一，每年都吸引上百万国内外游人来此旅游观光。

福建的虎豹别墅位于福建省永定县之下洋镇的中川村，是以红砖、木材及混凝土结构的方形房舍，前方两层，后方三层。周边山岭的枫树丛林，春季时漫山翠绿，秋季时层林红遍。1991年3月11日，福建省人民政府将其列为"第三批省级文物保护单位"。

橡胶大王李光前心系教育

李光前（1893—1967），福建省南安人，儒商的楷模，东南亚橡胶大王、教育家、慈善家。李光前生前是世界十大华人富商之一，他所创立的橡胶王国，对世界橡胶业有举足轻重的影响。他是整个东南亚地区杰出的华人企业家、教育家和慈善家。他曾先后在南京暨南学堂、清华学堂和唐山交通大学学习，并被授予马来西亚大学法学博士学位。1962年，新加坡政府聘请他为新加坡大学首任校长。

　　很多人对李光前的熟悉可能在于他的橡胶和黄梨事业，其实他还是一位热心慈善的教育家。

　　对于李光前而言，此生最大的良师益友就是陈嘉庚。在陈嘉庚先生身边工作的十年，李光前亲眼目睹、亲身感受陈先生崇高的爱国精神：不顾个人安危，为华侨抗日运动奔波劳累；关注家乡和当地文化教育状况，投资社会福利事业等活动。

　　同时，李光前还想到了自己年少时之所以能够有受教育的机会，也是因为好心人士的捐助。自己的求学之路走得如此艰辛，再也不能委屈下一代人了。所以，李光前决心把赚来的钱用来支持教育，兴办文化事业。

1934年，李光前接任南洋中学的董事长一职，负责学校每年的经费、建筑费等，修建校舍，新建国专图书馆。同时，他还兼任着南益学校、道南学校、导侨学校、光华学校、侨南学校等九所中学和十几家会馆的董事。他这样做不是为了名利，只要能够帮忙教育，他从来在所不辞。

抗日战争时期，李光前在故乡南安梅山创办"国专小学"。1943年，又创办"国光中学"。1952年，他为家乡捐资数百万元，用于扩建梅山学村。除了恢复他于1939年创建的国专小学外，又扩建国光幼儿园、国光中学、国专医院和国专影剧院。梅山学村由此一跃成为名闻中外的学村，拥有幼儿园、小学和中学，建筑面积达五万多平方米，各种福利设施齐全。令他感到欣慰的是，国专中学和国专小学先后成为福建省重点学校，国专医院也已成为福建晋江地区著名的肿瘤医院。

1953年，李光前的一位族侄提议建立东南亚第一所华文大学——南洋大学，李光前马上积极响应并给予赞助。他一再强调南洋大学办学的目的是为了继承和发扬优秀的中华文化，给马来西亚青年提供更多的享受高等教育的机会。在办学过程中，困难重重，流言颇多，李光前全不理睬，继续给予强有力的支持。

1952年，李光前用他的大半财产设立了"李氏基金会"，积极捐助文教及社会公益事业。直到1967年李光前逝世之后，基金会依然遵照他"取诸社会，用诸社会"的意愿，捐款支持各项科技文教活动。

无论是内地还是海外，只要有关华人的事，有关教育的事，李光前都是竭尽全力，出钱资助。他对教育、经济的发展和社会进步所做出的

巨大贡献，博得海内外一致高度称赞。

1927年，李光前独立创办企业，开始以独立资产不断资助厦门大学。校史记载："至民国十六年始，承黄奕住、曾江水、叶玉堆、李光前、黄庭元、林文庆、殷碧霞诸先生及新加坡群进公司，陆续捐助各项经费，合计国币20万元。"1934年，陈嘉庚的公司收盘后，厦门大学和集美各校历年经费都得到李光前的大力支持。就在当年，李光前和黄奕住、林文庆及群进公司共捐资10万元作为厦门大学及集美学校的经费。1936年，陈嘉庚筹措16万元购买400英亩橡胶园，拟作厦大基金，李光前捐资5万元。

中华人民共和国成立后，李光前大力支持陈嘉庚扩建厦大的爱国行动。1950年11月5日，李光前致函陈嘉庚，表示愿意继续资助修复因战乱被炸毁的厦大校舍，同时加以扩建。他筹资60多万元（港币），交由陈嘉庚统一筹划使用。

从1951年至1955年，兴建的新校舍和公共设施共24幢，建筑面积约6万平方米，相当于新中国成立前校舍建筑总面积的一倍。其中包括建南大会堂、生物馆（成义楼）、数学物理馆（南安楼）、化学馆（南光楼），教工宿舍"国光楼"三座，男生宿舍"芙蓉楼"四座，女生宿舍"丰庭楼"三座（现已在原址新建），公用设施有图书馆（成智楼，现为人文学院使用）、厦大医院（成伟楼，现已在原址新建门诊大楼），另建了膳厅、浴室、厕所等。还建了面积近2万平方米、看台总长近万米、可容纳2万观众观看比赛的"上弦"体育场和紧连胡里山海滨、面积达6000平方米的系列海水游泳池。

1952年，李光前决定并实行提取一定比例的企业利润作为公益事业专用经费，设立了"李氏基金"。基金由基金委员会负责保管，所有收益，都作为教育慈善公益用途。该基金约有2亿元（新加坡币),占其财产大半。1964年,李光前又将其名下的全部南益股权(即总股份的48%)悉数捐献给"李氏基金",使"李氏基金"成为南益集团最大的股东,每年所得的股息则全部作为永久的慈善公益用途。

李光前夫妇育有六个子女。三个儿子李成义、李成智、李成伟学成后经营企业,都卓有成就。他们继承外祖父陈嘉庚、父亲李光前爱国兴学的优良传统,对捐资兴学都不遗余力,继续支持厦门大学的办学。1967年李光前逝世后,三兄弟主持新加坡李氏基金会,依然遵照基金会"取诸社会,用诸社会"的宗旨,捐款支持各项科技文教活动,包括资助厦大。

凡是到过厦门大学的人,无不在厦大标志性建筑群——建南楼群前流连忘返。这组建筑同样凝聚了李氏家族两代人的心血。

20世纪90年代,新加坡李氏基金会同仁得知建南楼群年久失修,遂于1994年开始陆续捐献约1600万元人民币,对这五幢大楼及楼群前的石板路予以全面翻修,使建南楼群焕然一新。李氏基金会又捐资527万元人民币在原址新建校医院门诊大楼,新建海滨新教学区广场,还资助厦大举办国际学术会议。2007年,李氏基金会又向厦大捐资5000万元人民币,用于厦大医学院与护理学院的建设。1994年到2005年这十余年间,李氏基金会向厦大的捐赠总计达到近7700万元人民币。

1957年,马来西亚柔佛苏丹授予李光前"拿督"荣衔。次年,马来西亚大学授予他名誉法学博士学位。1962年1月,新加坡政府《宪报》正式公布聘任李光前先生为新加坡大学首任校长。这是他一生中最高的荣誉。在就职典礼上,他说:"吾人对国家贡献莫大于教育青年……得天下英才而教育之,一乐也。"

1985年10月22日，新加坡福建会馆在南侨中学李光前纪念亭中竖起了一尊他的铜像，以纪念他做出的巨大贡献。同样，今天我们走进著名的"侨乡第一校"——福建南安国光中学，也会见到李光前先生的铜像。虽然他已经离开了人世，但他的教育理念、创业精神依然还在他培植的地方发扬光大。

■故事感悟

李光前心系教育的情怀使人感动，热心公益的事迹令人佩服。帮助他人、奉献社会、富而不骄历来是中华民族的传统美德，而李光前正是用行动践行了这一美德。他不只是现代商人的典范，更是平凡人的楷模。

■史海撷英

李光前年少有骨气

1903年秋天，年仅10岁的李光前随父亲自福建出洋，去新加坡谋求生计。开船后不久，气温剧降。当时船上多是福建人，来自穷乡僻壤，去南洋谋生。所以衣衫单薄，冻得直打哆嗦。

当时船上还有一个人，就是著名的爱国华侨陈嘉庚。他看到大家被冻成那样，就吩咐仓库保管员："我姓陈，你通知乘客，给每人发一条毯子，费用由我来出。"那位保管员大概没听清楚，通知变成了"乘客中姓陈的，每人发一条毯子"。船上旅客不管张三李四，纷纷报名说姓陈，先拿一条毛毯御寒再说。不久，陈嘉庚到各船舱察看，见一个十来岁的少年仍穿单衣，躲在角落里冻得牙齿直打颤，连忙问他为什么没去领毛毯。少年说："船上通知姓陈的才可以领毛毯，我姓李，不能冒姓去领。"这位少年就是李光前，他这种诚实的举动给陈嘉庚留下了极为深刻的印象。

李氏基金会

李氏基金会是新加坡与马来西亚华人慈善福利组织，由新加坡著名企业家李光前及其子李成义成立。1952年3月29日向新加坡政府注册。1960年，基金会分为新加坡和马来西亚两个组织，独立活动。经过几十年发展，李氏基金滚存的账面资本已逾2亿叻币（新元），基金会拥有的实际固定资产则远远超过账面资本。1994年4月，主席李成义向马来西亚南方学院捐献50万元建校基金，极大地鼓舞了马来西亚华文教育界人士。

仁义徽商鲍志道

鲍志道（1743—1801），原名廷道，字诚一，自号肯园，歙县棠樾人。11岁时因家道中落弃学，到鄱阳学会计。数年后转浙江、江苏经营盐业。20岁后独资为盐运商，并以"资重引多"出任两淮总商20年。在此期间，倡议"一舟溺，众舟助"，受到商界推崇。志道虽巨富，但生活勤俭，重礼好义，为世人称道。

隶属古徽州的歙县是徽商的重要发源地，掩映于山水之间的徽派民居、祠庙、牌坊和园林原本是徽商经营成就的结晶。论及牌坊，是封建社会为表彰功勋、科第、德政以及忠孝节义所立的建筑物，非得官吏上奏、朝廷批准，不得擅建。在歙县棠樾村东的大道上，却有七座明清时期的牌坊井然而立。三座为明代设立，四座为清代所建。清代牌坊之中，有一座为"乐善好施坊"，即是为大盐商鲍志道、鲍漱芳而立。

鲍志道11岁开始在江西鄱阳一家小商铺当会计。他手脚勤快，悟性很高，深得店主欣赏。会计簿记直接反映着商户的经营流程和资金进出，从中自然也可领会到一些为商之道。经过几年的磨砺，使他对于经商已经有了一些自己的见解。1763年，鲍志道来到东南都会扬州，协助一位姓吴的盐商经营盐业。因为他诚实守信，又善于管理，几年间即大富。从一名穷少年到大盐商，鲍志道实现了无数徽州人向往的经商致富之梦。

在担任总商后，鲍志道一方面积极沟通官商，协助整顿盐政；另一方面则承揽公私琐役，力图有所兴革。对于朝廷及地方的事务，他也是尽心尽力。凡转饷、捐赈、兴工等事，无不率领众商，大力捐输。

《鲍氏诵先录》中评论志道"勇于任事，不避小嫌"。其宗谱《棠樾鲍氏宣忠堂支谱》中记录："在其间二十年，遇事划然，见可不可，自当事以若四方经由一口与之，讫其殁，无毁恶者。"虽然多有赞誉，但也从一个侧面反映出鲍志道在当时的盐务体制下，的确是取得了巨大的成功，也获得了一般商人难以企及的社会地位。

盐商是扬州城内最为富裕的群体，其生活也最为奢侈。盐商们所赚得的巨额利润，在应付官府捐赠之后，并无其他的投资路径。于是，盐商们转而将大笔金钱用于回故乡盖筑亭院，或用来组养戏班，或者收藏金石字画。但鲍志道却与他们不同。

鲍志道在扬州城大名鼎鼎，说到财富更是无人能及。但他在生活方面却与一般盐商迥然有别。《扬州画舫录》中记载，志道虽拥资巨万，"然其妻妇子女，尚勤箕帚之事。门不容车马，不演剧；淫巧之客，不留于宅"。意思是，虽是巨富之家，但是家里并没有雇请多少仆人，家中杂务，多由妻子儿女自己打理。家里既不养门客，也不养戏班，俭朴门风，独树一帜。

不仅如此，鲍志道的妻子汪氏也是一生节俭，但她把自己的积蓄拿出来专门在老家的祠堂宣忠堂后建了八间房屋，作为堆贮农具之用，方

便族人耕作。后来又念及同宗女眷的生活艰难，特意捐资购田一百亩，取名"节俭户"，专门用来接济族中家境不好的妇女。

鲍志道在社会公益方面更是不遗余力。从方志及宗谱中的记载来看，在扬州经商大富之后，鲍志道在兴学、救济、河工等方面都毫不吝啬，难得的是长期坚持，一以贯之。他集合众商，创立扬州十二门义学，惠及当地。他襄助扬州的恤嫠会、兴化的育婴堂以救济社会。歙县有两座著名的书院，一为城内的紫阳书院，一为城外的山间学院，长年失修。乾隆五十五年（1790年）时，鲍志道率先捐资，倡导同乡士绅合作重修。

歙县有一条河名曰北河，环绕县城西流到北面入江，久未疏通，因而淤塞，在遭遇大雨时往往造成洪灾。1798年，鲍志道独自捐资筑堤改变水向，令河水冲刷淤积的泥沙，使河道得到恢复。他还出资请工人修通棠樾至古虹桥、郑村、沙溪等处的山道，总计50余里。在交通极其不便的山区，这极大地方便了老百姓生活。

鲍志道还出资建起鲍氏世孝祠，增置族田。族田所产收益一方面用于维护祠堂开支，开展宗族活动；另一方面则是用于救济族中贫困家庭，开设族中义学等事务。在清代，国家并没有设立保障体系，社会保障主要通过宗族和其他民间组织来进行。族中官绅及富商的捐资是宗族救济资金的主要来源。

在鲍志道的影响下，儿子鲍漱芳也热衷公益事业。漱芳幼年时就协助父亲进行盐务管理及慈善活动，得到很好的锻炼。1801年鲍志道逝世后，其子漱芳继承了父亲的总商职位。由于在盐政及捐输方面成绩突出，朝廷优叙封加盐运使职衔。

在社会救济方面，鲍漱芳也不输其父。1805年，淮黄大水，鲍漱芳倡议设厂赈济，并捐麦四万石赈济灾民。又捐银六万两疏通芒稻河，解决了扬州的水患问题；又捐银五千两疏通沙河闸及其他河道，使扬州之盐运水道因之通畅，成为徽商的杰出代表。乾隆皇帝下江南的时候，曾大大褒奖牌坊的主人鲍氏家族，称其为"慈孝天下无双里，衮绣江南第一乡"。

现今，在扬州故里的黑瓦白墙、青山绿水之间，在父子同铭的慈善牌坊上，鲍家的财富故事仍在流传。

■故事感悟

徽商身上有很多美好的品质：非勤俭不能治生、贾而好儒、以义制利。鲍志道沿袭了徽商身上这些可贵的品质，并将自己身上这种品质传递到儿子身上。父子一起热心公益，造福乡里，无论在当时还是现在都传为美谈。

■史海撷英

鲍志道小故事

一位歙县大盐商急需招聘一名经理，要求是能吃苦耐劳、精于核算。学过会计的鲍志道抓住机会，前去应聘。然而，这位大盐商在招聘中，出了一道让人意想不到的试题。第一天，面试之后，大盐商命伙计给每位应聘者一碗馄饨，说算是犒劳。吃完后，大盐商让各位回去准备第二天考试。谁知，第二天盐商出了这样的几道题：请回答昨日你所吃的馄饨共有几只？有几种馅？每种馅又各有几只？应聘者被这样的试题弄得目瞪口呆，有的摇头苦笑，有的后悔不已。然而鲍志道凭他十年从商的经验，前日就预料了那碗馄饨的不寻常，所以他对那碗馄饨作了细细的观察。此时应付这几道题自然是得心应手。结果不必说，他被聘用了。

棠樾牌坊群

棠樾牌坊群，位于歙县郑村镇棠樾村东大道上。共七座，明建三座，清建四座。三座明坊为鲍灿坊、慈孝里坊、鲍象贤尚书坊；四座清坊为鲍文龄妻节孝坊、鲍氏父子乐善好施坊、鲍父渊节孝坊、鲍逢昌孝子坊。四座坊均为冲天柱式，结构类似，大小坊额都不加纹饰，唯挑檐下的拱板镂刻有花纹图案，月梁上的绦环与雀替也相应雕刻有精致的纹样。粗大的梁柱平琢浑磨，不事雕饰。现为全国重点文物保护单位。

巨富汪应庚义举慈善

汪应庚（1680—？），字上章，号云谷。工诗及书法，潜口人，后寓扬州。雍正年间，他成为扬州雄资百万之盐商。

汪应庚，清朝大盐商。他继承祖业后，勤勉治事，家财颇富。

作为豪商巨富，汪应庚不光以家财显赫而出众，同时更因"义行"众多闻名扬州及乡里。清人阮元在《淮海英灵集》中记录他"富而好礼，笃于宗亲"，并且列举了他的一系列义举善事。清人李斗在《扬州画舫录》中言之"居扬州，家素丰，好施与"，如"放赈施药、修文庙、资助贫生、赞襄婴育、激扬节烈、建造桥船、济行旅、拯覆溺之类，动以十数万计"不图回报，真心实意，长期做好事，做善事，持之以恒，项目涉及民生的方方面面。

两淮地区地势低洼，昔日防洪设施简陋，灾害频繁。雍正年间，海啸成灾，灾民亟待赈济，汪应庚设粥厂于淮南，救济灾民历时三个月。乾隆年间，扬州发生旱灾、水灾，扬州盐商出资赈灾，汪应庚一人独捐十几万两白银，设八个粥厂，赈济灾民历四个月之久。汪应庚拿出十几万两白银救助灾民，被他救助过的灾民数量达960万人。汪应庚慷慨解囊的美名传

到朝廷，乾隆尊呼他是"大勋卿"，赐他光禄寺少卿的荣誉称号。

除了救助灾民，汪应庚还热心于教育事业。

乾隆三年（1738年）他出巨资重修年久破败的江都、甘泉学宫，又出资两千余两白银为学宫购置祭祀乐器，还另外出资购置1500亩沃田捐作学田，以年租充作学宫岁修开支和生员乡试的路资。此举被称之为"汪项"，传为美谈。

汪应庚对于扬州的知识分子提供了不少帮助，捐出五万多两银子修州学。另外，他买了一千多亩土地，作为教育基金，府学经费不够的时候拿来调剂。

蜀冈之巅的法净寺是千年古刹，宋代名贤欧阳修在此觞咏，闻名遐迩。法净寺起初规模不大，雍正年间，汪应庚出资建前殿、后楼、山门、廊庑，还聘请书法名家蒋衡写了"淮东第一观"五个大字，刻石嵌于山门外的壁上，保留至今。乾隆元年，汪应庚又出资重建真赏楼、晴空阁，增置洛春堂，并在寺西建造西园芳圃，深得乾隆的嘉许。

汪应庚还多次捐赠棉衣给育婴堂，同时他还出钱帮助提高育婴堂员工的薪水。还在当地大明寺的东面，扬州蜀冈之上种植了大量松树，名为"万松岭"，他也被人们称为"万松居士"。据嘉庆《扬州府志》记载，汪应庚去世的时候，无数扬州居民为他送葬，哭声震天，扬州人还在平山堂为他塑像，和对欧阳修一样，年年拜祭。

故事感悟

汪应庚是富甲一方的总商，同时也是扬州盐商中捐助社会公益事业最慷慨的人，这使他在崇尚奢靡生活的扬州盐商中显得卓尔不群。他数十年如一日，投身于公益，造福社会。时至今日几百年过去了，但提起汪应庚乐善好施的品性，仍令人肃然起敬。

徽商的形成与发展

徽商是旧徽州府籍的商人或商人集团的总称，又称"新安商人"，俗称
"徽帮"。徽商萌生于东晋，成长于唐宋，盛于明，衰于清末。

唐代，祁门茶市十分兴盛。南唐，休宁人臧循便行商福建。宋代，徽
纸已远销四川。南宋开始出现拥有巨资的徽商，祁门程承津、程承海兄弟
经商致富，分别被人们称为"十万大公""十万二公"，合称"程十万"。明
代中叶以后至清乾隆末年的三百余年，是徽商发展的黄金时代。无论营业
人数、活动范围、经营行业与资本，都居全国各商人集团的首位。清乾隆末
年，封建统治日趋没落，课税、捐输日益加重，徽商处境愈来愈困难。清末
和民国时期，虽有个别徽商人物如黟县盐商李宗媚、歙县房地产商人程霖生
等崭露头角，但整体上挽救不了徽商的颓势。

法净寺

法净寺又名中天竺寺，位于杭州西湖西面。隋开皇十七年（597）宝
掌禅师创建。吴越王钱弘俶在中天竺建寺，名崇寿院。宋政和四年（1114）
改称"天宁万寿永祚禅寺"。元天历年间（1328～1329）改称"天历永
祚禅寺"。明洪武元年（1368）赐号"中天竺寺"。清乾隆三十年（1765），
清帝南巡时为中天竺寺御题寺额为"法净寺"。光绪十八年（1892）重修。
寺中原有藏经阁，在1947年被毁于火灾。1981年，将法净寺划归市佛教
协会管理，1985年修复观音殿。杭州市佛协在此办安养堂。浙江省佛教协
在寺旁原延寿房址设会址。

第五篇

永远的中国心

巨富郑镜鸿回报乡里

郑镜鸿（1914—2004），广东省潮安县人。1927年南渡马来西亚投靠亲戚谋生。靠"刻苦、勤俭、忍耐、勇敢、守信用"11字经营要诀白手起家，在日本创办"星东商会株式会社"，享誉"皮革大王"美称。由于对马来西亚柔佛州公益事业的贡献，被封为高级拿督及丹斯里勋衔。对祖国和家乡先后捐资两千多万元人民币。

郑镜鸿出生于桑埔山脚下一个村落。郑家开过当铺做过运销，红火一时。传到郑镜鸿的祖父时家业败尽，到郑镜鸿父亲这一代生活已经非常拮据。

郑镜鸿兄弟姐妹五人，他排行第二，11岁时辍学。他向母亲要了一块钱做本钱在乡下卖糖果，赚钱帮助父母养家。

民国时期的中国经济一片灰暗，许多贫苦人选择了前往南洋做苦力，这是一次艰难的迁徙。13岁的郑镜鸿只身前往马来西亚，落脚点是舅父家。但舅父舅妈对他并不好，除了让他长时间帮做鱼生意的舅父干杂活外，还经常训骂他，每月只给四块钱工钱。

郑镜鸿在舅父家待了两三年，随后辗转到新加坡，经亲戚的介

绍进了一家荷兰公司。荷兰公司专营皮革，生意很不错，郑镜鸿在公司领到了每月十五块钱的薪水，这在当时已经是相当不错的收入。由于他工作勤奋又聪明，深得经理赏识，得到两次连续升薪至二十五块钱。

闯南洋谋得一份不错工作的郑镜鸿并不因此满足。在荷兰公司学了皮革的基本技术后，他对皮革业产生了浓厚兴趣。工作之余他常常跑到有许多皮作坊的街上津津有味地看人家做皮，后来又买回一台旧针车学做。经过一番苦练，终于能自己做出精美的皮革制品，拿到街上出售很受买家欢迎。

之后，郑镜鸿开始谋划进军东南亚市场。东南亚多属热带地区，许多人很喜欢皮制品。当时，新加坡做皮革的工厂只有两三家，生意非常红火。于是两年后，岳父拿出一千块钱帮忙，郑镜鸿创办了再升皮厂，职工十多人。

再升皮厂创办后不久即遭遇日本侵占新加坡，战争中的新加坡一片混乱。再升皮厂在战争的缝隙中苦苦周旋，一方面迫于生存为日本人加工皮革，挣点微薄的工钱；另一方面私下里搜寻市场。战争使许多商人流往国外，许多工厂被迫关闭，皮制品热销的东南亚有了很大的市场缺口。再升皮厂以过人的忍耐力坚持、发展，皮工艺也在生产中逐渐长进，产品深受顾客欢迎。

日本在新加坡向盟军投降后，再升皮厂获得了新的生机。精湛的制作工艺使再升皮厂在市场上一枝独秀，并迅速走向国外市场。20世纪50年代，郑镜鸿的日本皮工厂成立。这时，他已经成为行业的佼佼者，拥有了较雄厚的经济实力。

发达后的郑镜鸿并没有满足，他又创办了地产开发公司，经营橡胶园、矿业。至此，命运把郑镜鸿推上了时代的前台。他由此成了新加坡有影响的人物，被新加坡政府授予拿督衔。

郑镜鸿骨子里是个懂得感恩的人，他没有忘记祖国，没有忘记家乡。起初在舅父那里每月赚的四块钱，他除了留几角钱自己用外，其余的都如数寄回家中。他知道故乡的父母兄弟姐妹穷苦，自己只身到南洋的初衷就是要赚钱帮助家庭。办了再升皮厂有了积蓄后，他就开始报答一些对自己有恩的人。他初到新加坡时在一家杂货店干活，杂货店的老板对他很好，该老板在日本侵占新加坡时破产，生活很惨。郑镜鸿知道后就找到他，不时送钱送米，老板因此泪流满面。后来该老板病逝，郑镜鸿又花钱为他办了后事。出身于贫苦家庭，不一般的经历使他对于人间疾苦有着更深刻的领悟。

离开故乡潮州时，乡亲们生活上的困难在郑镜鸿的脑海里留下了深深的烙印。美丽的潮汕平原，土地多么肥沃，这里的人们又是多么聪明，潮州人常常被外边人称为"东方的犹太人"。当海外游子们开始返回故乡做实事时，郑镜鸿也开始踏上回乡的道路。

回到家乡后，郑镜鸿看到家乡的泥土公路崎岖不平，交通十分不便。于是，他斥资的郑镜鸿路动工兴建，总投资共650万元。公路建成那天，家乡人民敲锣打鼓，燃放鞭炮庆祝。金石、沙溪两镇长期以来交通落后、偏处潮汕平原一隅的局面改变了。

前陇湖美乡的子民们不会忘记，郑镜鸿第一次回到村里热泪盈眶的情景。村舍依稀，村道弯弯，村里的同龄人很多已经去世，健在的也已白发苍苍。当得知村里的老年人生活还不是很好，他当即捐款12万元做村里的老人金。此后九年都连续捐款，总金额达92万元。村里老人过年第一次从老人组领到"压岁钱"的时候，不禁会亲切地念起一个名字——郑镜鸿。

潮州华侨中学原为华侨捐款所办，教学质量在潮州城区享有较高声

誉。由于建造年代早，许多建筑都陈旧了。郑镜鸿得知后，捐资250万元建造了该校的综合楼，改善了该校的办学条件。潮州中心医院是潮州医疗的权威机构，技术力量在百姓中留下了极好的口碑。由于资金问题，该院没有能力购买某些先进的医疗设备。郑镜鸿从国外花50万美金购买CT机赠给了潮州中心医院，一流的设备使该院的医疗水平跃上了一个台阶。潮州电视台创办之初，资金缺乏，郑镜鸿又花15万元买了辆采访车送给潮州电视台。同样，潮安电视台在创办之初，也得到了他价值15万元的援助。

家乡沙溪、金石两镇的政府办公楼和学校、镇道、供水、医院等公益事业都得到了郑镜鸿的捐赠。点点滴滴，无不凝聚了郑镜鸿血浓于水的情感。他在家乡只念了三年书，给予家乡的却是一连串的数字。据统计，他无偿投资捐助家乡公益事业达50宗以上，总金额达2500万元。

郑镜鸿常常教导子女，家乡经济尚处起步阶段，为家乡做实事单靠捐款无异于杯水车薪。只有兴办实业，用所赚的钱造福家乡，既可解决家乡部分劳动力闲置问题，又可以让资本再生，水流涓涓，流之不息。

郑镜鸿膝下四男五女，儿子郑添谅自幼跟随父亲左右，很早就跟父亲学做生意，耳濡目染父亲的吃苦耐劳、勤俭朴素、知恩感恩的品格，最得父亲的欢心。郑添谅的儿子郑惠铨是郑镜鸿先生的长孙，曾经跟随祖父、父亲多次回故乡潮州，对美丽的潮汕平原有极好印象，很想能够回到家乡做一番事情。

郑镜鸿临终前，紧握住在床边守候的添谅的手说："东山湖还没有建成，你要回潮州去，办好度假村。记住，需要的设备尽可能要买国产的，在家乡办实业凡事就要多为国家想一点。"其实在生意场上郑添谅早就是父亲的好参谋，他也像父亲一样十分看好这个发展项目。但度假村不是小项目，投资动辄就要几千万，甚至更多，短期内得到高回报是不可能的，弄不好吃不了兜着走，一般生意人不敢轻举妄动。他明白这是个烫手山芋，但父亲临终前的叮嘱在脑里回响，经过深思熟虑他决定圆好父亲未竟的梦想。于是，郑添谅先生带着儿子郑惠铨远飞潮州，东山湖度假村正式挂牌成立，破土动工。

东湖度假村总投资从刚开始时的1000万、3000万到实际总投入1.2亿港元，工程在严格核算中稳步建设。2005年8月，东山湖度假村建成。

■故事感悟

郑镜鸿踏实肯干、勤劳诚实。他成才的经历值得我们学习，他感恩家乡、造福乡里的行为更值得我们敬佩。

■史海撷英

郑镜鸿"要在日本站稳脚跟"

1958年10月，郑镜鸿带着资本、技术、一批原材料及几名管理人员来到日本，他开设的皮革厂"星东商会株式会社"正式投入生产。

技术问题是一方面的难题，但更加困难的还是日本同行的刁难和排挤。甚至出现了日本同行取了货又退回来，利用合同不完善之处，在材料、制造、质量、设备等所有环节上找麻烦，不履行合同或小题大做，总之极力想将郑镜鸿挤垮、逼走。

郑镜鸿面对日本同行的激烈竞争，以信为本，以守为攻，取信于消费者。同时设法降低生产成本争取主顾，稳扎稳打，在险恶的环境中站稳了脚跟。

郑镜鸿在等待时机，他要成为竞争的佼佼者。机会终于来了！有一年，

日本国内皮革非常短缺，而惯于等上门的日本同行一时找不到货源，皮革制品产量锐减，市价迅速暴涨。郑镜鸿抓住这个时机重拳出击。他对东南亚一带的皮革原料市场了如指掌，便悄悄地跑到皮革质量好、价格低廉的所罗门群岛去，通过那里有多年交情的老货主们，廉价大量收购皮革原料，投放市场。这样，在几乎没有竞争对手的情况下赚了大钱。而这时的日本同行们都长期找不到原料，措手不及，无从招架，眼睁睁地看着郑镜鸿独占市场、财源滚滚，经营实力大大增强，一跃而成为日本皮革产量最高的巨头。

1967年，郑镜鸿将"星东商会株式会社"交给儿子郑添谅经营，自己带着长女和女婿回新加坡，开始向马来西亚寻求发展。

□ 文苑拾萃

东山湖温泉度假村

东山湖温泉度假村位于潮州、汕头、揭阳三市中心交界处东山湖旅游风景区内。这里依山就势，观仁者之山，傍智者之水，得天独厚，拥有罕见的保健型温矿泉资源，成为潮汕海内外名流独爱的温泉。

东山湖温泉属天然温矿泉，泉口水温达到100℃—102℃，其主要矿物质成分为氟、硅、锶、锂、锌等，无色透明、属高品质碱性微咸温泉水，具有极高医疗价值，全国罕见。对神经痛、肌肉酸痛、关节痛等症有效，可活络筋骨、消除疲劳、增进健康、美容美体。

"亚洲的洛克菲勒" 林绍良

林绍良（1916—2012），福建省福清县人。印尼林氏集团董事长，印尼政府经济顾问，印尼首富，美国《投资家》杂志将其列为世界十二大银行家之一，曾被称为"世界十大富豪之一"。

在美国著名杂志《财富》一年一度的全球超级富豪排行榜中，总有数十位海外华人的名字，华人经商致富的名声已远远超过犹太人。而其中为首的当属印尼华人林绍良。他是当今世界十二大银行家之一，享有"世界第六巨富"的美称。雄踞世界华人第一大富翁的宝座，成为印尼乃至东南亚的首富。

林家祖辈以种田为生，有祖传的水田30亩，一头水牛和一些农具。父亲为人朴实敦厚，林绍良在父母的教诲和熏陶下，继承了家风，性情温和，聪慧机智。

林绍良7岁时在村中林氏祠堂念私塾，他学业进步很快，深得老师的赞赏。他先后念完了《四书》《诗经》《幼学琼林》《左传》等书，对书中的忠烈侠士极为崇拜，同时也使他具备了儒家道德观念。

1931年，15岁的林绍良结束了他的私塾生活。父母为他在村东大

路旁租下一间小屋子，开了一家小面店，由林绍良出任"老板"。小小年纪的他，勤勉肯干，店内外都由他独自一人料理，生意做得很不错。不到半年，小店就赚了不少钱，显示出他在经商方面有极高的天赋和才华。

"九·一八"事变后，日寇侵占了东北三省，人心惶惶，林绍良的面店也只好关门。

1937年夏，抗日战争爆发。第二年，日寇的铁蹄踏上了福清的土地。一时间兵荒马乱，百业凋敝。

这时，日本人抓壮丁抓得很厉害。林绍良眼看难逃此关，毅然辞别父母，漂洋过海来到印尼爪哇，投奔叔父林财金。

叔父林财金在镇上开了个花生油店，林绍良就在店里当学徒。他每天起早贪黑地干活，空余时间还要学习印度尼西亚语及爪哇方言。当时的印尼也不是安乐之邦，日本侵略者的魔爪已伸向这块土地。爪哇岛上烽火连天，经济凋零，生意人想要赚钱，谈何容易。林绍良发现在店中坐等顾客上门不行，他便向叔父提出要到外面去推销，这一招还真灵，销售额成倍地增长。叔父高兴地给他加了薪，鼓励他继续干下去。

两年后，林绍良有了些积蓄，就想独立创业，寻求更好的发展。他做起了贩卖咖啡粉的生意，每天半夜三更起床，先将买来的咖啡豆磨成粉，再用旧报纸包成小包，天还未亮，就骑上自行车赶到六七十里外的三宝垄市去贩卖。这个生意很小，赢利不多，但却培养了他的胆识，让他接触了很多人，积累了宝贵的社会经验。

1945年8月15日，日本投降后，印度尼西亚宣告独立。但日军刚退出印尼，荷兰殖民军又卷土重来。一场抗击荷兰殖民者的独立战争打响了。

当地华商在中华总会的领导下，大力支援印尼的抗荷独立战争，林绍良就是其中表现最为突出的一个。他确信，这场战争的最终胜利必将属于印尼人民，而自己的事业成败则与这场战争息息相关。

于是，他毅然离开了在异国他乡唯一依靠的叔父，选择了一条充满艰辛的路——给印度尼西亚军队运送军火和药品。

恰逢不久前有一位高级领导人为摆脱荷兰情报人员的追捕，潜入古突土镇隐蔽，中华总会把这项掩护任务交给了林绍良。这位名叫哈山·丁的领导人在林家藏匿了一年多，与林绍良结成了莫逆之交。事后他才知道，哈山·丁是印尼第一任总统苏加诺的岳父。通过哈山·丁的关系，林绍良结识了中爪哇第四军区蒂波尼哥罗师的军官们，其中一位便是以后印尼的第二任总统苏哈托。而当时苏哈托还是这个师的上校团长。

林绍良找到蒂波尼哥罗师的军官们，对他们说明了要为他们运送军火的想法。这对处于被围困之中的孤军来说无疑是雪中送炭。他们对林绍良的英勇行为大加赞赏，并表示提供安全保护。

不久，林绍良冒着生命的危险，用帆船载着从新加坡购买的武器及军需物品，凭着对地形和海路的熟悉，巧妙地越过荷军封锁线，把一批批军火安全地运到了中爪哇印尼军中。他不仅从军火生意中获取了相当可观的利润，同时又与苏哈托等印尼军官结下了深厚的私人友谊。这为他日后事业上的成功打下了坚实的基础。

在贩运军火、药品的同时，林绍良敏锐地发现了另一宗可获大利的买卖——丁香生意。

当时，中爪哇生产的丁香烟远近闻名，销路很畅，大大小小的烟厂应运而生，发展到上百家。这样，作为生产香烟原料的丁香需求大大增加，每年需求量高达2万多吨，远远供不应求。丁香生意利润确实诱人，但风险极大。丁香盛产于印尼东部的马鲁吉群岛，要把丁香运抵中

爪哇，必须穿越荷兰军队的重重封锁线，弄不好就人财两空。

具有精明的经营头脑又有过人胆识的林绍良，根据以往贩运军火的经验，设计出一条丁香运输路线：从产地马鲁古群岛装货后，绕道新加坡，再经贩运军火的通道，突破荷军封锁线，运到中爪哇的古突士，然后再将丁香发到各地烟厂。

不久，一批丁香便安全地运达那些烟厂主手中。从马鲁古到古突士，林绍良频繁往来。苏哈托出于对他不顾生命运送军火的感谢，每次都派兵"保驾"。林绍良的丁香生意在战火纷飞中畅通无阻，滚滚金钱流进了他的腰包。几年之间，林绍良已成为南洋颇有名气的大商人了。

印荷之战，终以印尼获得独立而告终。古突士镇这个曾经使他发迹之地再也不能满足他事业上的雄心了。1952年，他将自己的贸易公司迁到首都雅加达。

此时，印尼面临着如何在一片废墟上重建家园的首要问题。林绍良据此确定了自己的经营战略，即从衣食住行入手，相继进入其他领域。

从1954年起，他相继办起了肥皂厂、纺织厂、轮胎厂以及自行车零件制造厂。随着企业的发展，林绍良逐渐把目标放在进出口贸易上，在新加坡和香港建立起贸易关系。在经营活动中他体会到，无论是经商还是办厂，都必须得到金融界的支持；要想实现自己的宏愿，必须建立起自己的金融机构。1957年，他在泰国的金融巨头陈弼臣的帮助下，正式创办了中央亚细亚银行。有了银行做后盾，林绍良在生意场上如虎添翼，自如地应付企业资金的周转。至此，一个兼有工业、商业、金融的林氏集团已初显雏形。

这时，林绍良的大哥林绍喜和二哥林绍根也都来到雅加达定居。大哥经营地产业，二哥从事财政业，三兄弟互为依存，共谋发展。

1967年之后，林绍良迎来了事业上又一个高速发展期。这一年苏哈托出任印度尼西亚总统，次年政府颁布了国内投资法令，包括为华人在内的国内外企业家提供了发展机会。

1968年，林绍良经营的美卡有限公司和默朱布阿有限公司获得了政府给予的丁香进口专利权。早年，他靠丁香起家，现在丁香又为他赚取更加丰厚的资产，他成了名副其实的"丁香大王"。

同年，印尼政府又做出决定，将全国生产面粉的三分之二专利权交给林绍良。为此，林绍良成立了波戈沙里公司，公司的创业资本只有10万美元，而印尼国家银行却给了这家公司280万美元的贷款。总统苏哈托亲自主持公司的第一座面粉加工厂落成典礼。经过十年的努力，波戈沙里公司生产的面粉已达国内需求量的80%，成了亚太地区最大的面粉公司。林绍良由此也成为印尼首屈一指的"面粉大王"。

林绍良还以其特有的预见力和洞察力注意到，随着新的经济发展计划的制定，外资、合资企业的涌现，国内冷落多年的建筑业会渐渐复苏。于是，他立即投资1亿美元巨款，建成狄斯丁水泥厂，年产量达100万吨。此外他还建造了另外两座水泥厂。仅仅三年时间，林绍良的水泥集团生产的"三轮牌"水泥产量近1000万吨，约占印尼全国水泥总产量的一半以上，成为印尼最大的水泥企业。他本人也被誉为"水泥大王"。

此外，林绍良凭借他的雄厚实力又涉足房地产业。他在雅加达等地购得土地2100公顷，成为印尼最大的房地产商。林氏集团每年在房产方面的投资几乎占印尼私营建筑业的20%。

1974年，林绍良抓住政府开放资本市场的良机，决定由中央亚细亚银行与美国旧金山国际化学银行、日本长期信贷银行、英国苏格兰皇家银行以及香港信和集团共同投资组成多国金融公司。1975年，林绍良在飞往香港的飞机上，遇到了不久前辞去泛印银行总裁职务的"银行

界奇才"李文正。交谈中，林绍良发现此君才华横溢，精通银行业务，便立刻邀请他到中央亚细亚银行供职，并允诺给他17.5%的股份。事后表明，林绍良慧眼识珠，李文正确是一匹少有的"千里马"。中央亚细亚银行在他们两人的共同经营下得到了飞速发展。该行1978年收购了印尼商业银行，经过8年努力，其总资产增加了332倍，存款额增长1253倍，在全印尼设有32处分行，而且在新加坡、中国的台湾、香港、澳门及美国的加州、纽约等地都设立了分支机构。中央亚细亚银行不仅是印尼最大的私人银行，也被公认为东南亚规模最大的银行之一，成了扬名天下的"金融大王"。

由于有源源不断的资金和众多的银行作后盾，林绍良又涉足于国际贸易，而且一登场便一鸣惊人。在短短数年内，先后购买了美国、荷兰、泰国、菲律宾和中国香港的多家公司，从而令自己的头上又多了一顶"商贸大王"的桂冠。

林绍良以其雄厚的财力、庞大的势力，称雄于印尼，威震东南亚，被誉为"亚洲的洛克菲勒"。

林绍良在事业上的巨大成功，原因是多方面的。不必讳言，林绍良与印度尼西亚时任总统苏哈托的深交，对他的事业的成功起到了很大的帮助。更重要的因素还在于林绍良本身的个人奋斗，他善于抓住机遇，注重人才的选用和培训以及重视人际关系的处理。正如他自己所说："创基立业，一半靠运气，一半靠自己努力。""勤俭奋发是华人的美德，方向、意志和策略是第一要素，不怕失败、奋斗不懈、运筹帷幄、出奇制胜和深思熟虑是成功的必备条件。"林绍良正是以这种信念去创造他的事业，并取得了非凡的成功。

作为一个有远见卓识的商人，林绍良注定会关注中国内地市场。中国改革开放以来，林绍良积极前往中国内地投资，主要是房地产、金融及酒店，包括在福州市的一家银行，估计总投资在20亿美元左右。

经历了半个世纪的风风雨雨，作为一个难忘故土的华人，林绍良的中国情结始终如一。早在1981年，林绍良属下的中国太平洋集团就在中国内地设立鞋厂。即使在经历了苏哈托下台等多种打击下，林绍良投资的热情依然不减。据估算，仅在福清老家，林绍良就投入了1亿美元，当地的工厂、学校及旅馆，都有林绍良的投资。另外，他还先后在北京、上海、苏州等地进行投资。仅仅北京朝阳区东坝集团基础设施建设一个项目，投资额就达160亿元人民币。

2001年，三林集团开始大举进军中国市场，最引人瞩目的投资就是入主总部在北京的中远置业，并在2002年晋身为上海北外滩土地的一级开发商。林绍良和儿子林逢生从此成为中国内地的投资巨头。

2001年10月，林绍良带团到北京市考察了商务中心区的建设和发展，对于投资北京商务中心区的建设表现出浓厚的兴趣。次年9月，林绍良使出大手笔，即斥资5亿美元，购买了中国远洋运输集团总公司经营的地产旗舰企业——中远置业集团有限公司的45%股权，从而与中远集团这个中国特大型企业共同成为中远置业的并列第一大股东。当时的报刊评论说，林绍良此举标志着林氏集团开始通过与国内巨头联手，大规模进入中国房地产行业，并将借助于国内资本市场进行战略性扩张。而业内人士认为，这只是林氏集团在中国内地大规模扩展业务的开始。

2004年11月中旬，林绍良曾亲自到上海拜会了上海高层，并且承诺："三林集团计划把今后发展重点放在中国，扩大对能源、农业、运输等领域投资，并逐步将上海公司发展为亚洲乃至全球投资管理总部。"在改革开放后的中国，林绍良心怀故土、造福乡梓的愿望在逐步实现。

林绍良称雄印尼，富甲东南亚，被誉为"亚洲的洛克菲勒"。他身上有许多华人的美好品质：勤俭奋发、坚持不懈、诚实守信。虽然身在海外，但心系祖国，时刻关注祖国的发展，为祖国的繁荣贡献自己的一份力量。

印尼建国历史

印尼，全称印度尼西亚共和国。印度尼西亚一词源出于希腊文的Indo（印度）和Nusus（各岛），意为印度各岛。印度古籍称之为"努珊塔拉"或德威安塔拉，意为大洋之间的岛屿。至今仍有人称印尼为"努珊塔拉"。印度、中国和阿拉伯的古代文献中，有时也泛称印度尼西亚群岛为爪哇；欧洲旅行家和探险家则称群岛为大爪哇和小爪哇；当地人称爪哇、苏门答腊和婆罗洲的居民为爪哇人，称东边的小群岛为小爪哇。

荷兰人入侵群岛后，印尼被称为荷属东印度或东印度。19世纪中叶，西欧学者最先将"印尼"用为地理名称。20世纪初，随着民族运动的发展，民族主义者开始考虑政治用语，初期使用"东印度"。1922年，印尼留荷学生在荷兰成立"印尼协会"，"印尼"首次成为政治用语。1928年"青年誓言"宣布"印尼"为民族和国家的名称之后，"印尼"便被广泛使用。1945年，"印尼"一词被正式定为国名。

吴锦堂身在外心在祖国

吴锦堂（1855—1926），名作莫，浙江省宁波市慈溪市人。少时随父耕作，青年时东渡日本，经商致富。素以桑梓为重，先后捐银数十万两，兴修水利，创办学校，泽被乡里。他积极支持孙中山先生从事辛亥革命，是我国近代史上的著名华侨。

吴锦堂是我国近代史上著名的爱国侨商。

1885年，30岁的吴锦堂对我国工商业在列强欺凌下造成的不景气深有感触，意识到努力向外求发展是改变目前状况的一条重要途径。于是，在友人资助下携资银千两，毅然东渡日本长崎。1890年在神户创设商号，同时在上海设立洋行，从事中日间棉花、大豆、火柴、水泥等货物的贸易。由于经营有方，短短几年，积资数十万，并开始兴办实业和从事金融活动，成为明治、大正年间日本关西实业界的十大巨头之一。

日俄战争时，吴锦堂认购日本军事公债获巨利。次年，日本宫城等县遭水灾，他出巨款赈济，并帮助神田町农民兴建蓄水池，开垦荒地，得到日本政府褒奖，神田町某地命名为锦堂村。他为华侨兴办的慈善机构、商务机构、教育机构，数量多、规模大，华侨受益丰厚，这在当地

华侨史上是空前的。

吴锦堂非常关心国家和民族的兴衰存亡。当时，国内军阀混战，政治腐败，民不聊生。吴锦堂常常为之辗转反侧，只要力所能及，常出巨款组织赈济。一开始捐给政府，后来他自己组织赈济机构，设法购米施赈或组织以工代赈。赈济范围北至东北，南至闽广，甘霖所至救助了无数的灾民，人们誉其为"万家生佛"。

在积极创业的同时，吴锦堂也热心支持革命活动。自1899年起，吴锦堂就与孙中山的革命活动有着千丝万缕的联系。曾多次款宴孙中山、宋庆龄及其同仁。1911年加入同盟会，任神户支部长，并腾出宅第，带头捐款供同盟会使用。孙中山在辛亥革命前曾11次到过神户。辛亥革命后，成为中华革命党神户支部领导骨干的王敬祥、吴锦堂和杨寿彭等人与孙中山关系密切。

辛亥革命爆发后，吴锦堂在阪神华侨成立了中华民国华侨统一联合会。在之后的四个月中，开展了大规模的声援辛亥革命的活动。中华民国南京临时政府成立，孙中山就任临时大总统后，吴锦堂更以鲜明的态度支持新生的共和政府。

吴锦堂热心公益事业，关爱旅日侨胞。他不仅是一位深谙经营之道的企业家，同时也继承和发扬了宁波帮商人相互提携、协作共荣的传统，在创建和发展华商组织、资助华侨公益事业、维护华侨权益方面做出了突出贡献。万国医院、孤儿养育院、盲哑院、红十字会、同仁会、掖济会等，都曾得到过他的巨额捐赠。

1905年，慈北阴雨成灾，十余万亩禾苗都遭水淹，数十万民众受灾。其时，正逢吴锦堂回乡扫墓，触目伤怀，决心出资兴修水利。整个工程规模宏大，包括重建西界漾塘，加固杜湖、白洋湖两湖大堤，增设两湖减水坝，疏浚四条通海大浦，增设十多处大小桥闸，完善排灌系统。吴锦堂曾亲临工地，冒风雨，蹈洪波，主持其事；又请来日本工程师指导技术，前后历时六七年，终于完成。

吴锦棠在国内的投资范围涉及采矿、冶炼、纺织、铁路建设、金融、农田水利和教育事业等各个方面，多与国计民生密切相关。

吴锦堂还为启迪民智、发展科学文化事业，出资20余万银元在故乡东山头建成锦堂学校。学校于1908年落成，次年元月正式招生。他还从社会实业需要着眼，注重培训农业方面的人才，亲选学生去日本深造。我国著名的教育家蔡元培称吴锦堂、陈嘉庚、聂云台为我国"办学三贤"。

■故事感悟

"抱济世热忱，推食解衣，不愧万家生佛；奋海外事业，含辛茹苦，允推当代人豪"，这是吴锦堂死后家乡人民献上的挽联。这副挽联高度概括了吴锦堂的一生和他的卓越贡献。

■史海撷英

关心革命事，正义志不移

吴锦堂非常关心国家和民族的兴衰存亡，他在积极创业的同时，也热心支持革命活动。

早在戊戌变法期间，康梁的维新思想就在日本神户华侨界引起反响。变法失败后，1902年梁启超逃亡日本，在神户登岸，吴锦堂隆重接待他，并与梁启超合影留念。

中华民国南京临时政府成立，孙中山就任临时大总统后，吴锦堂更以鲜明的态度支持新生的共和政府，曾分别捐给上海、宁波军政府2.65万元和1.64万元，并出任浙江省军政府财政水利顾问。